FIN DE PARTIE À L'ONU

DU MÊME AUTEUR

Globe-doctors (avec Catherine Ninin), Belfond, 1991.
L'ONU, combien de divisions ?, Dagorno, 1994.
Le Mythe des Nations unies, l'ONU après la guerre froide, Hachette Littératures, 1995.
Les Têtes de Turcs, Horay, 2000.
Couleurs du monde, Horay, 2002.
Faut-il supprimer l'ONU ?, Hachette Littératures, 2003.

www.editions-jclattes.fr

Pierre-Édouard Deldique

FIN DE PARTIE À L'ONU

Les réformes de la dernière chance

JC Lattès
17, rue Jacob 75006 Paris

© 2005, éditions Jean-Claude Lattès.
Première édition septembre 2005.

« L'état de paix entre les hommes vivant côte à côte n'est pas un état de nature (status naturalis). Celui-ci est bien plutôt un état de guerre [...]. L'état de paix doit donc être institué, car s'abstenir de faire la guerre n'est pas encore s'assurer la paix ».

Emmanuel Kant,
Projet de paix perpétuelle.

« Autrement dit, je ne fais rien ? demanda Traquenard, avec espoir.
– C'est la meilleure attitude que les Nations unies puissent adopter [...]. Lorsque nous serons une institution millénaire, nous pourrons jeter un regard de fierté sur le chemin parcouru malgré toutes les guerres, les famines, les catastrophes, toutes ces embûches qu'une humanité folle essaie de jeter sur notre route... »

Romain Gary (Fosco Sinibaldi),
L'Homme à la colombe.

Introduction

En décembre 2004, plus d'un an après l'entrée en guerre des États-Unis contre Saddam Hussein, l'ambiance est plus que jamais morose au siège de l'ONU à New York. L'institution bruisse de rumeurs d'espionnage après la découverte de micros cachés dans un des salons onusiens de Genève tandis que l'affaire « Pétrole contre nourriture » met en cause le fils de Kofi Annan, projetant quelques éclaboussures sur les complets du toujours élégant diplomate. Dans ce contexte délétère le septième Secrétaire général de l'Organisation, ébranlé par le conflit en Irak et l'attentat sanglant contre l'ONU à Bagdad, fait front : il tente de promouvoir un rapport rédigé par des experts du monde entier. Il préconise une réforme des Nations unies.

Ce texte se veut *le* rapport qui doit permettre la naissance de la « nouvelle ONU ». Kofi Annan en est persuadé : il pourrait y avoir une nouvelle ONU, représentative du monde du XXIe siècle, efficace et respectée. Une ONU mythique, en quelque sorte, dont la quête s'apparente depuis des décennies à celle du saint Graal.

Malgré le vent mauvais qui souffle une nouvelle fois à Manhattan, le patron de l'administration onusienne, qui aimerait être le maître d'œuvre d'une profonde mutation de l'institution, met en avant les grandes lignes de l'étude prospective réalisée à sa demande[1]. La lecture de ce document aride exige une patience à toute épreuve car il est écrit dans la « novlangue » maison, grise comme l'institution et faite pour ne déplaire à personne. Pas étonnant que les textes de l'Organisation prennent, parfois, la direction des placards ou, pire, des poubelles sans même avoir été examinés.

Ce rapport est important même si la question de la réforme des Nations unies n'est pas neuve. Lui aussi envisage une Organisation débarrassée de ses oripeaux. La nouveauté, en revanche, c'est le contexte dans lequel il est présenté, marqué par l'unilatéralisme américain. Les onusiens au contraire ne jurent que par le multilatéralisme, c'est-à-dire l'action en commun recommandée dans le texte fondateur de leur organisation.

Plutôt novateur, le document met en avant l'objectif qu'est censée atteindre l'ONU : la sécurité collective. « Nous sommes tous responsables de la sécurité des uns et des autres », rappellent les rapporteurs. Cela ressemble fort à l'adage des Mousquetaires « Un pour tous, tous pour un ». « Et parfois, tous contre un », ajoute un diplomate français. Le principe est simple : un pays membre est menacé et tous les autres doivent l'aider. Dans cette ONU

---

[1]. Rapport du groupe de personnalités de haut niveau sur les menaces, les défis et le changement. Assemblée générale A/59/565. Ce texte a été rédigé par des personnalités du monde entier dont l'ancien ministre français de la Justice, Robert Badinter.

remodelée, mais plus que jamais vouée à la sécurité internationale et à la paix, cette sécurité collective doit, dit le texte, avoir une « vocation plus étendue et globale ».

Désormais, l'Organisation se trouve dans l'obligation de faire face à de nouveaux défis. Finie l'époque où l'ONU tentait de s'interposer entre deux États en conflit avant de chercher à les réconcilier. Comme le souligne le texte : « Les plus graves dangers qui menacent aujourd'hui notre sécurité, et qui continueront de la menacer dans les décennies à venir, ont également pour nom la pauvreté, les maladies infectieuses et la dégradation de l'environnement, les guerres civiles et les violences à l'intérieur des États, la prolifération et le risque d'usage des armes nucléaires, radiologiques, chimiques et biologiques, le terrorisme et la criminalité transnationale organisée. » Autant de dangers sans limites géographiques. Or jusqu'à cette dernière décennie, l'ONU était conçue pour faire face aux crises en tenant compte des frontières des États et de leurs gouvernements. Comment les Nations unies vont-elles s'y prendre pour gérer des crises qui ne concernent pas un État mais des organisations terroristes, des groupes informels, des mafias ? À l'inverse, comment l'ONU va-t-elle s'y prendre pour éliminer le danger que représente un État ? Surtout s'il est un de ses États membres ?

Cette « vocation plus étendue et globale » met fin au dogme sacré de la non ingérence dans les affaires intérieures des gouvernements. Kofi Annan évoque clairement la nécessité d'intervenir par la force dans un pays où la population subit un massacre. « Le principe de non-ingérence dans les affaires intérieures ne saurait être invoqué pour défendre des actes de génocide ou d'autres atrocités, telles que les violations massives du droit international humanitaire ou des nettoyages ethniques massifs, qui peuvent être dûment considérés comme une menace pour la sécurité internationale.» Et les rédacteurs du rapport déclarent souscrire «à la nouvelle norme prescrivant une obligation collective internationale de protection, dont le Conseil de sécurité peut s'acquitter en autorisant une intervention militaire en dernier ressort, en cas de génocide et d'autres tueries massives, de nettoyage ethnique ou de violations graves du droit international humanitaire, que des gouvernements souverains se sont révélés impuissants ou peu disposés à prévenir.» Cette «nouvelle norme» ressemble fort à une critique de l'impuissance criminelle des Nations unies face au génocide au Cambodge en 1978 et au Rwanda en 1994. Plus jamais cela ? Pas sûr. Mais la simple mention de cette «assistance à peuples en danger» marque une étape importante dans l'évolution de la politique internationale. Reste aux États à la prendre en compte. Or, ces États – notamment ceux du «Sud», les plus pauvres – considèrent que vis-à-vis de cette disposition, comme pour les autres, il est urgent d'attendre...

Après la guerre préventive de George Bush en Irak, les experts consultés par Kofi Annan ont aussi étudié la question de l'utilisation de la force que peut autoriser l'ONU «en cas d'échec de la prévention pacifique.» Ils distinguent «entre les situations où un État affirme agir en état de légitime défense ; où le problème tient à un État qui constitue une menace pour des tiers se trouvant hors de ses frontières ; et où la menace est essentiellement interne auquel cas il s'agit de défendre la population d'un État».

Cela se résume en trois situations : la légitime défense, la guerre préventive, l'ingérence militaire au nom des droits de l'homme.

INTRODUCTION

Selon les spécialistes, la Charte des Nations unies « bien comprise et bien appliquée » est efficace. Et le Conseil de sécurité compétent. Le Conseil qui, avant de voter des résolutions autorisant la force devrait néanmoins, selon le rapport, répondre à quelques critères donnant une légitimité au texte des diplomates. Créant aussi l'unanimité autour de celui-ci. Le contraire de ce qui s'est passé en 2003 avec l'Irak. Ainsi, pour les rapporteurs, il importe de rendre hommage à la Charte en appliquant ses articles.

Les résolutions, cependant, ne pourront être élaborées, votées et appliquées que par un Conseil de sécurité élargi, unanime, et seulement lors de situations exceptionnelles car, écrivent-ils : « que la force puisse légitimement être employée, ce n'est pas dire que la morale et le bon sens commandent qu'elle le soit »... D'ailleurs, les rédacteurs du rapport ont cru nécessaire de glisser dans leur travail une citation d'un des prédécesseurs de George Bush junior. Harry Truman a en effet été appelé à la rescousse. Selon l'ancien sénateur démocrate et successeur de Franklin D. Roosevelt, un des créateurs des Nations unies, « il nous faut tous, quelle que soit notre puissance, admettre que nous ne devons pas nous autoriser à toujours faire ce que nous voulons ».

Le rapport sur l'ONU s'intéresse aussi à la question stratégique de la composition du Conseil de sécurité, l'organe des Nations unies chargé de la paix et de la sécurité internationale. Aujourd'hui, quinze pays en font partie dont cinq en permanence. Ce nombre était sans doute suffisant quand l'Organisation comptait 51 membres en 1945. Est-ce encore justifié alors que l'ONU accueille 191 États ? À cette question, la plupart des États, à commencer bien sûr par les candidats à un siège en son sein, répondent non.

Le rapport propose de « faire une place dans la prise des décisions à des pays qui soient plus représentatifs de l'ensemble des membres et en particulier du monde en développement. » Alors qui accueillir ? Mais parler de l'élargissement du Conseil ne suffit pas. Encore faut-il savoir si les futurs membres disposeront ou non du droit de veto. À en croire les rédacteurs du rapport, ce n'est pas certain. Ne prétendent-ils pas qu'il a « un côté anachronique qui sied mal à l'institution, étant donné l'avancée de la démocratie » ?

Alors, à quoi pourrait ressembler une ONU réformée ?

Nous allons essayer de répondre à cette question à partir de rapports comme celui dont nous venons de parler et en tenant compte de l'avis de diplomates interrogés ces derniers mois, tous spécialistes de cette Organisation. Mais face à ce désir de changements et de réforme en cette année cruciale qui marque les soixante ans de l'ONU, certaines voix font remarquer, à l'adresse de ceux, nombreux, qui ne l'auraient pas noté, que l'Organisation a déjà évolué. En janvier 2004, Louise Fréchette, Vice-Secrétaire générale des Nations unies, déclarait que, « sur le plan organisationnel, l'ONU a connu une véritable révolution silencieuse, au cours des dernières années, sans qu'on en parle beaucoup, elle s'est transformée. Aujourd'hui, ses structures sont plus rationnelles, ses méthodes de travail plus efficaces, ses différents programmes mieux coordonnés entre eux. » Cette annonce est sans doute une bonne nouvelle. Néanmoins, ce sont les changements politiques qui feront d'elles une machine en prise avec le monde, qui nous intéressent. Pas la mécanique de l'ONU

INTRODUCTION

ou la disparition de telle ou telle sous-commission. En revanche, savoir si l'ONU peut jouer ou non un rôle plus efficace dans la sauvegarde de la paix ou la défense de l'environnement est essentiel.

L'ONU ne ressemble qu'au cadre d'un tableau. Ce qui importe, c'est l'œuvre fixée sur la toile. Autrement dit, l'action de ses États membres. Il faut observer l'Organisation des Nations unies, cette « maison de la paix », fondée sur les ruines de la Seconde Guerre mondiale, érigée sur un ancien abattoir, « temple » de la diplomatie qui laisse aujourd'hui entrevoir quelques fissures.

« L'heure n'est plus aux belles phrases et aux déclarations de bonnes intentions » écrivait, en mars 2005, Kofi Annan, l'actuel maître des lieux, dans un nouvel appel à la modernisation de l'ONU. Beaucoup aimeraient le croire. Mais, avant de juger hâtivement les onusiens et de railler l'ONU (ce qui est généralement de bon ton), il faut se tourner vers ses adhérents, ses États, signataires de la Charte de paix et d'action collective, qui, depuis des temps immémoriaux, n'ont pour horizon que la défense de leurs intérêts et de leur souveraineté. Si les valeurs suprêmes de la Realpolitik vont dans le sens des idéaux de l'ONU, ces « monstres froids » se rallient à la bannière bleu ciel de l'Organisation. Si tel n'est pas le cas, ils l'évitent. La contournent. La condamnent même.

L'ONU n'a certes pas que des qualités : carrefour de toutes les cultures et champ clos de rivalités, forum mondial et port d'attache de fonctionnaires internationaux, assoupis par l'émolliente gestion quotidienne de la paix ainsi que par quelques privilèges, tribune éclatante du multiculturalisme et expression des inégalités de la planète, organe politique et usine à produire du papier imprimé en de multiples langues. Elle mérite cependant mieux que les quolibets faciles. Ne serait-ce que parce qu'elle s'avère le seul endroit au monde où, au fil des discussions diplomatiques, s'affrontent l'idéalisme (niais pour certains) et les intérêts nationaux (dangereux pour d'autres). « C'est le lieu géométrique des conflits d'intérêts », dit un ancien ambassadeur français. Là s'élaborent dans la douleur des compromis, certes, guère enthousiasmants, mais qui paraissent avoir le mérite d'entretenir la paix...

Dans leur rapport, les experts notent que « la force des institutions dépendra toujours de l'énergie, des ressources et de l'attention que les États membres et leurs dirigeants voudront bien leur consacrer. » La force de l'ONU en dépend aussi. Mais pourra-t-elle un jour, une fois réformée, avoir un vrai rôle politique, un vrai poids, un vrai pouvoir pour garantir cette paix perpétuelle qu'envisageait Emmanuel Kant ?

« Je crois en cet endroit, je crois en ce qu'il essaie d'accomplir », dit avec conviction Nicole Kidman dans *L'Interprète*, le film de Sydney Pollack, sorti en 2005 et qui se déroule à l'ONU sur fond de crise politique dans un pays d'Afrique. L'actrice s'adresse à Sean Penn, un agent secret américain. Croire en cette Organisation ! Trop beau pour être vrai ? L'imagination permet toutes les extravagances. Même celle-ci. Un autre scénario pourrait nous emmener plus loin encore. Dans un monde idéal fréquenté par des peuples pacifistes où les Nations unies n'auraient pas de raison d'être et paraîtraient incongrues, le mot même de guerre n'existerait pas. Hélas, dans ce monde imparfait qui est le nôtre, aucune jolie interprète ne dit son attachement à l'ONU qui, créée pour tenter de faire front à la folie des hommes, est, nous dit-on, la main sur le cœur,

INTRODUCTION

au centre des préoccupations (du moins dans les discours) des chefs d'État et de gouvernement de la planète.

Pourtant là où la loi du plus fort semble plus que jamais la meilleure, où de toute éternité la loi des armes paraît être la seule qui vaille, les objectifs de l'Organisation des Nations unies ne manquent pas de noblesse et mériteraient d'être promus. Ils ont pour noms, développement, pacification, valeur de la personne humaine, respect des droits de l'homme, autant de valeurs dont tout homme, d'État ou non, devrait s'inspirer.

Depuis 1952, le quartier général de ces Nations unies aux ambitions si nobles, est une étape touristique à New York.

Il a accueilli à ce jour plus de 38 millions de visiteurs.

Alors, mettons-nous dans la peau d'un promeneur, à une différence près.

L'ONU que nous allons découvrir n'existe pas encore. Elle reste à inventer.

1

Kofi Annan propose. Les États disposent.

Le 21 mars 2005, Kofi Annan revient sur le devant de la scène pour parler de la réforme. Cette fois, il ne s'agit pas pour lui de mettre en avant un texte rédigé par des spécialistes mais de rendre publiques ses propres propositions. Celles-ci constituent une copie conforme du texte de décembre. Il dit aussi les avoir formulées à partir de son expérience à la tête de l'ONU : « Je me suis laissé guider par ma conscience et mes convictions », écrit-il. Par les Américains aussi, disent les mauvaises langues. Le Secrétaire général les a, en tout cas, rassemblées dans un document qui n'a évidemment rien d'un brûlot et qu'il a intitulé « Dans une liberté plus grande »[1].

Dans son rapport, Kofi Annan met en perspective sa volonté de réforme. Il dresse un état des lieux de la planète

---

1. Dans une liberté plus grande : développement, sécurité et respect des droits de l'homme pour tous. Rapport du Secrétaire général A/59/2005.

qui n'incite guère à l'optimisme. Onze à douze millions de réfugiés dans le monde. Plus de vingt millions de victimes du sida, « la peste des temps modernes. » Plus d'un milliard d'individus sous le seuil de pauvreté. Onze millions de morts parmi les enfants de moins de cinq ans chaque année. Et ce malgré l'action de l'ONU depuis soixante ans... « À cette heure décisive de l'histoire, nous devons être ambitieux », écrit Kofi Annan qui se livre à un véritable plaidoyer en faveur de la lutte contre la pauvreté. Et sans doute, chez lui, l'impression de prêcher dans le désert. Déjà en 2000, il avait réussi à convaincre les États membres d'établir des « objectifs du millénaire » en la matière, leur arrachant l'engagement d'éliminer l'extrême pauvreté et la faim d'ici à 2015, d'assurer l'éducation pour tous ou bien encore un environnement durable.

Avant d'envisager la rénovation de l'ONU, il en souligne les objectifs pourtant maintes fois répétés. Elle est, dit-il, « chargée de veiller au respect des droits de l'homme, de créer les conditions nécessaires au maintien de la justice et de l'état de droit, de favoriser le progrès social et d'instaurer de meilleures conditions de vie dans une liberté plus grande. » Une sorte d'assistante sociale à l'échelle du monde. Il explique que la misère et le non-respect des droits humains s'avèrent en partie responsables des guerres civiles, du terrorisme et de la criminalité organisée. Soucieux, comme ses prédécesseurs, de ne pas froisser les membres de son Organisation, il affirme haut et fort que « les États souverains sont les éléments de base indispensables du système international. » Ce genre de propos rassure les capitales. Les gouvernements considèrent la souveraineté comme la pierre angulaire des relations internationales. Peu importe le discours onusien en la matière.

KOFI ANNAN PROPOSE. LES ÉTATS DISPOSENT.

Kofi Annan a aussi un petit mot pour « la société civile et le secteur privé » dont il souligne le poids grandissant. Sauf au sein de son institution.

Quelques pages de son projet de réforme sont aussi consacrées à la « viabilité écologique » de la planète, aux changements climatiques. « C'est aux pays qui contribuent le plus à causer des problèmes écologiques qu'il incombe au premier chef d'atténuer les changements climatiques et de réfréner les modes de production et de consommation non viables », écrit-il à l'adresse, peut-être, des États-Unis de George Bush qui, avec leurs amis australiens, n'ont pas cru bon de signer le Protocole de Kyoto.

Dans son vaste tour d'horizon, le Secrétaire général évoque aussi l'interdépendance des États comme pour mieux souligner leur responsabilité commune dans la marche du monde. « Les riches ne sont pas à l'abri de ce qui menace les pauvres, ni les puissants épargnés par ce qui inquiète les faibles et vice versa. » La formule est habile. Il insiste aussi sur l'importance de la lutte contre le terrorisme « qui s'en prend à toutes les valeurs de l'ONU. » Fait nouveau, il en propose une définition aux États qui en ont des conceptions très différentes : pour l'ONU, il s'agit de « tout acte commis dans l'intention de donner la mort ou des blessures graves à des civils ou à des non-combattants dans le dessein d'intimider une population ou de contraindre un gouvernement ou une organisation internationale à accomplir un acte ou à s'abstenir d'accomplir quelque acte que ce soit. » Prendre en compte toutes les menaces du monde et les régler collectivement, tel est le credo de Kofi Annan. « Nous devons transformer l'ONU en cet instrument de prévention des conflits qui a toujours été sa vocation », dit-il. Vocation peut-être mais pas sa destinée.

Ce jour-là cependant, les commentateurs du monde entier ne s'intéressèrent guère à l'état du monde. Ils retinrent plutôt les projets de réforme plus politiques annoncés par le Secrétaire général : création d'une « commission de consolidation de la paix », d'un « conseil des droits de l'homme », de « réserves stratégiques » de Casques bleus, élargissement du Conseil de sécurité, définition du terrorisme, protection contre le génocide... De l'eau tiède comme d'habitude, avancent certains. Les observateurs des relations internationales sont en revanche unanimes. Tous considèrent qu'il est grand temps de repenser l'ONU.

Un rappel de quelques dates paraît indispensable.

De 1945 à novembre 1989 et la chute du mur de Berlin, tout semble simple. L'antagonisme Est-Ouest avait congelé les idéaux onusiens ainsi que le Conseil de sécurité paralysé par l'affrontement entre Américains et Soviétiques, prêts à tout moment à dégainer leur veto. Depuis 1960, avec l'admission au sein de l'ONU de dizaines de nouveaux États, la plupart africains, l'Organisation était devenue une tribune pour le tiers-monde, les Palestiniens, les opposants à l'Apartheid. Quelques Casques bleus furent bien envoyés en Palestine en 1948, dans le Cachemire, à Chypre ou au Liban. Rien d'important cependant ne se passait à New York sauf en 1950. Le 25 juin, cette année-là, l'armée communiste de la partie nord de la Corée envahit le sud. Deux jours plus tard, le Conseil de sécurité, alors boycotté par les Soviétiques, adopta une résolution qui autorisait les États membres à « apporter à la Corée du Sud toute l'assistance militaire pour repousser une attaque armée afin de rétablir dans la région la paix internationale et la sécurité. » Une coalition fut formée avec des troupes américaines principalement et commandée jusqu'en 1951 par le général Douglas Mac Arthur puis, après cette année-là, par le général Matthew Ridgway. Les troupes nord-coréennes furent repoussées et un cessez-le-feu fut signé en 1953. Moscou qui avait eu le tort de pratiquer la « politique de la chaise vide » à ce moment-là, afin d'obtenir l'admission à l'ONU de la Chine communiste, donna des instructions contraires à son représentant et le Conseil retrouva ses mauvaises habitudes. L'Assemblée générale le contourna et, le 3 novembre 1950, elle se déclara apte à se saisir de questions de maintien de la paix en cas d'incapacité du Conseil de sécurité. C'est la résolution baptisée « Union pour le maintien de la paix. » Certains opposants à la guerre en Irak se sont d'ailleurs interrogés : pourquoi l'Assemblée générale ne s'est-elle pas saisie de la question, en 2003, face à la division du Conseil de sécurité ?

Mis à part cet accès de fièvre, le sort du monde se jouait à Washington et à Moscou. Les Nations « désunies » assistèrent en spectatrices à la guerre d'Indochine puis du Vietnam ou à l'intervention des troupes soviétiques en Tchécoslovaquie. Tout juste purent-elles condamner l'intervention de l'Armée rouge en Hongrie douze ans plus tôt, en 1956, l'année où elles intervinrent à Suez pour s'opposer aux agissements musclés de deux de ses membres permanents, la France et la Grande-Bretagne. Reléguée au second plan sur la scène internationale, l'ONU, dépitée et tiers-mondiste, se tourna alors vers les questions économiques. Ses nouveaux États membres, subjugués par le socialisme, organisèrent de grandes et ambitieuses conférences où il fut question de commerce et de développement. Les délégations envisagèrent même d'établir un nouvel ordre économique mondial qui, à défaut de révolutionner la planète, ne fit qu'alimenter rapports et réunions. À nouveau, les Nations unies ne parvinrent pas à s'imposer. L'économie de marché était la plus forte.

Vexés de ne pas jouer les premiers rôles, de ne pouvoir œuvrer en faveur de la paix, les délégués en étaient réduits à ne traiter que de questions générales, afin de ne pas fâcher les « deux grands » qui se livraient à une guerre froide, mais meurtrière. Comme le rappelle le journaliste et historien André Fontaine, ce conflit aurait fait entre quinze et trente millions de victimes. Certains avancent même le chiffre de quarante millions. L'ONU bâtie sur les cendres de la Seconde Guerre mondiale n'a rien pu faire pour ces trépassés d'un état de ni guerre ni paix. Jusqu'au moment où il prit fin et où le monde se souvint que l'ONU existait.

Cette renaissance fut en quelque sorte consacrée par la réunion exceptionnelle du Conseil de sécurité le 31 janvier 1992. Tous les dignitaires de la planète étaient là : George Bush père, François Mitterrand, Boris Eltsine, John Major, Li Peng. John Major estima alors que « le monde a maintenant les meilleures chances de voir la paix, la sécurité et le développement s'instaurer depuis la fondation des Nations unies. » Quant à Boris Eltsine, il souligna « la responsabilité collective du monde civilisé pour ce qui est de la protection des droits de l'homme et des libertés fondamentales. » C'était après la guerre du Golfe mais avant la guerre civile en Somalie, le Rwanda, la guerre dans l'ex-Yougoslavie.

À partir de 1989, l'ONU tenta de faire face pour défendre ses idéaux. Malheureusement, les fissures de l'édifice devinrent visibles et dangereuses. Les différentes guerres ont montré l'impuissance politique de l'ONU exprimée par le Conseil de sécurité sorti des limbes dès l'effondrement du mur de Berlin. Non pas tant par la faute de l'Organisation mais à cause de l'égoïsme des États, incapables de faire face aux crises majeures. Ou peu désireux de s'y frotter. Par l'irrésolution de ces États, pour certains membres permanents du Conseil de sécurité, l'ONU a pris parti dans une guerre entre clans en Somalie, servi d'ambulance dans l'ex-Yougoslavie où les Casques bleus ont assisté, impuissants, au nettoyage ethnique, et elle a regardé en spectatrice horrifiée les massacres des Tutsis au Rwanda. Quant à l'Irak... On ne dira jamais assez à quel point Saddam Hussein a porté un rude coup à l'Organisation de la paix, une Organisation qui, il est vrai, a mieux réussi dans des opérations d'assistance électorale en Namibie, au Cambodge ou au Timor par exemple. Conseil de sécurité divisé, résolutions floues, mandats trop peu clairs pour les Casques bleus, il était temps de faire retentir un signal d'alarme et d'appeler au changement d'autant que la guerre en Irak, en 2003, a durement secoué les Nations unies.

 Les fissures ne sont pas apparues seulement dans la salle, jamais caressée par la lumière du jour, du Conseil de sécurité.

 Au fil des années, l'Assemblée générale, où sont représentés tous les membres de l'Organisation, où survit avec ténacité l'hypocrite notion « un pays, une voix », a voulu se mêler de tout et même des questions et différends, traités par les quinze États du Conseil de sécurité. Peu à peu, elle s'est engluée dans un ordre du jour interminable et risible tant il est vaste et vain. D'autre part, le Conseil économique et social, théoriquement chargé d'engager les Nations unies dans des actions liées à ces domaines, s'est fait avaler par les agences et les programmes qu'il est censé coordonner au point même de faire oublier son existence.

Pour l'ONU, la soixantaine est donc un âge critique.

Affaiblie par l'attitude de George Bush en 2003 (mais là, au moins, l'ONU n'a pas été instrumentalisée, disent certains à New York en guise de consolation), son Secrétaire général, non sans une naïveté feinte, aimerait qu'elle reprenne sa place centrale dans les relations entre États. Cependant, pas question, dit-il, de continuer à traiter les grandes questions de ce nouveau siècle avec une Organisation obsolète, reflet des relations internationales du milieu du XXe siècle avec, aux commandes du « directoire de la paix », les vainqueurs de la guerre 1939-1945.

Néanmoins le Secrétaire général n'a aucun poids face aux présidents et chefs de gouvernement des États membres. Tout juste une influence morale. Il propose. Ils disposent. La réforme ? Il n'est pas certain que le gotha diplomatique de la planète ait des envies de changement en dépit des discours de circonstances qui louent, avec une insistance suspecte, les mérites onusiens. Sauf, bien sûr, les pays qui pourraient en tirer profit.

Prenons les cinq membres permanents.

Les États-Unis ? N'oublions pas que le président Franklin D. Roosevelt est le cofondateur de l'ONU. Comme l'un de ses prédécesseurs, Woodrow Wilson qui fut à l'origine de la Société des nations. Nous avons oublié qu'il y a eu des visionnaires parmi les présidents outre-Atlantique. Hélas pour l'ONU, après avoir cru en elle, les Américains s'en méfient. Certains même, au Congrès, la haïssent. Les néo-conservateurs au pouvoir partagent cette détestation. Ils aimeraient s'en passer et créer une nouvelle Organisation qui ne compterait, en son sein, par exemple, que des démocraties.

La Grande-Bretagne ? Elle est favorable à la réforme de l'ONU à condition que son siège de membre permanent ne soit pas menacé. Comme la France ou la Russie. Quant à la Chine, sûre de sa force et de son rôle dans les décennies à venir, certaine de devenir la première puissance mondiale, elle voit l'ONU d'un peu haut, avec distance, sauf quand il s'agit de traiter des questions comme le sort de Taïwan ou le rôle politique du Japon.

L'enthousiasme est donc, plutôt, du côté des États qui veulent entrer au Conseil de sécurité, l'organe moteur de l'ONU : l'Allemagne, le Japon, l'Inde, l'Afrique du Sud, le Brésil...

L'Organisation des Nations unies a intérêt à changer. D'abord pour être crédible. Ensuite pour ne pas se laisser distancer par d'autres institutions politiques des puissants de ce monde, comme le G8, le groupe des pays les plus industrialisés. Ou par l'OTAN. On se souvint de son rôle dans l'ex-Yougoslavie et au Kosovo. Les altermondialistes aimeraient en outre que les Nations unies puissent avoir de l'influence dans les domaines économiques, commerciaux et financiers. L'OMC (Organisation mondiale du commerce), le FMI (Fonds monétaire international) et la Banque Mondiale ont un rôle politique notable dans cet univers prépondérant. Pas les Nations unies.

Pourtant, l'ONU ne manque pas d'atouts.

Elle demeure la seule organisation politique rassemblant l'ensemble des pays du monde (sauf Taïwan). Elle est un forum diplomatique irremplaçable. « Un royaume du verbe et des traducteurs », dit un diplomate habitué des lieux. Forte de cette représentation, elle se révèle évidemment unique pour faire vivre la notion de sécurité collective. Elle devrait aussi être importante en matière de respect des droits s'il n'y avait la Commission des droits de l'homme de Genève qui porte si mal son nom. Enfin, faut-il rappeler que l'ONU, avec ses différents services spécialisés, est une formidable agence humanitaire. Combien de vies a-t-elle sauvées ? Le tsunami de décembre 2004 en Asie a une nouvelle fois montré le rôle qu'elle joue en matière d'assistance aux peuples en danger. D'ailleurs, certains des procureurs de l'ONU aimeraient que cette dernière ne soit qu'une agence intergouvernementale de secours. Bien entendu, Kofi Annan n'est pas de cet avis. Selon lui, l'ONU est une idée neuve qu'il faut défendre. Son appel à la réforme ressemble à un appel désespéré. C'est maintenant ou jamais, dit-il. En mai 2005, Mark Malloch Brown, son directeur de cabinet, a plaidé, devant des parlementaires américains, pour la transformation des Nations unies, « d'une entité consacrée à l'organisation de conférences et à la rédaction de rapports, à une organisation équipée pour entreprendre de vastes et complexes missions internationales. » Vœux pieux ?

2

Droit de veto ou pas ?

Pour bon nombre de diplomates et d'onusiens, la réforme de l'ONU, c'est surtout la réforme du Conseil de sécurité, le plus politique et médiatique des six organes des Nations unies, régulièrement sous les feux des projecteurs depuis la fin de la guerre froide et ses soubresauts.

Avant de parler de sa rénovation, encore faut-il être précis à son sujet. Selon l'article 24 de la Charte, il agit au nom de l'ensemble des États de l'Organisation car : « afin d'assurer l'action rapide et efficace de l'Organisation, ses membres confient au Conseil de sécurité la responsabilité principale du maintien de la paix et la sécurité internationales et reconnaissent qu'en s'acquittant de ses devoirs que lui impose cette responsabilité, le Conseil de sécurité agit en leur nom ».

Ses missions sont les suivantes :

– *Maintenir la paix et la sécurité internationale conformément aux buts et principes des Nations unies ;*

– *Enquêter sur tout différend ou toute situation qui pourrait entraîner un désaccord entre les nations ;*
– *Recommander des moyens d'arranger un tel différend ou les termes d'un règlement ;*
– *Élaborer des plans en vue d'établir un système de réglementation des armements ;*
– *Constater l'existence d'une menace contre la paix ou d'un acte d'agression et recommander les mesures à prendre.*
– *Inviter les membres à appliquer des sanctions économiques et d'autres mesures n'impliquant pas l'emploi de la force armée pour prévenir une agression ou y mettre fin ;*
– *Prendre des mesures d'ordre militaire contre un agresseur ;*
– *Recommander l'admission de nouveaux membres et les conditions dans lesquelles les États peuvent devenir parties au Statut de la Cour internationale de justice ;*
– *Recommander à l'Assemblée générale la nomination du Secrétaire général et élire, avec l'Assemblée générale, les membres de la Cour internationale de justice.*

Les décisions du Conseil de sécurité peuvent être classées en deux catégories ; celles qui dépendent du Chapitre VI de la Charte et celles qui sont prises en s'appuyant sur le chapitre VII. Dans le premier cas, il s'agit du « règlement pacifique des différends », dans le second, de l'utilisation de la force « qui fait plaisir aux militaires », ironise un ancien ambassadeur français à New York. Celui-ci relève que, sur quelque 1600 résolutions, environ 200 seulement font référence au Chapitre VII.

Les États membres sont obligés d'appliquer les résolutions du Conseil. Même si l'une d'entre elles n'autorise pas les États à user de « tous les moyens nécessaires », terminologie onusienne autorisant la force, elle doit être appliquée par l'ensemble des signataires de la Charte.

Depuis 1966[1], le Conseil de sécurité est composé de quinze États membres dont cinq États permanents (États-Unis, Grande-Bretagne, France, Russie, Chine) qui disposent d'un droit de veto. Sur les questions de fond (par opposition aux questions de procédure) une majorité de neuf voix sur quinze est indispensable dont celles des cinq membres permanents.

La Charte parle du « vote affirmatif » de neuf membres. Si l'un d'entre eux vote non, la résolution n'est pas adoptée. C'est le veto qui fait des cinq États membres permanents des États plus égaux que d'autres à l'ONU. Si un des cinq permanents n'est pas d'accord avec un texte mais ne souhaite pas engager une épreuve de force, il peut s'abstenir. Il y a longtemps qu'à New York l'abstention de l'un des « grands » est assimilée à un oui tacite. Ce qui facilite parfois les choses. Ainsi, la Chine s'est abstenue de voter la résolution 678 qui a autorisé la guerre du Golfe. En 2005, les États-Unis se sont abstenus de voter la résolution sur le Darfour, ce qui va, en principe, permettre de traduire devant la Cour pénale internationale les auteurs d'exactions commises dans cette région du Soudan.

Les dix pays non permanents du Conseil de sécurité sont élus par l'Assemblée générale pour une période de deux ans. Cinq d'entre eux doivent représenter l'Afrique, le Proche-Orient et l'Asie, deux l'Amérique latine, un l'Europe de l'Est et deux l'Europe de l'Ouest.

---

1. Avant cette date le Conseil ne comptait que onze membres. Les cinq permanents et six non permanents.

En mars 2005, les États membres non permanents du Conseil étaient le Bénin, la Tanzanie, l'Algérie, le Japon, les Philippines, le Brésil, l'Argentine, la Roumanie, la Grèce et le Danemark. Cet organe onusien est-il représentatif du nombre des États membres de l'Organisation ?

Selon les spécialistes[1], avec ses onze États membres en 1945, il représentait 21,56 % du nombre d'États membres. En 1965, 13 %. Et en 2005, 7,83 %.

La conclusion du groupe d'experts dont le rapport a servi de base à Kofi Annan est très claire. Pour lui, les décisions et les mandats du Conseil de sécurité « ont souvent pâti du défaut de réalisme, de l'insuffisance de ressources et de l'absence de volonté politique ».

On l'a vu, le Conseil de sécurité ne s'est réveillé qu'avec la chute du mur de Berlin. Avant 1989, il était mis devant le fait accompli. Sa seule ressource était alors de se réunir et de discuter. Il le fit en 1948 lors du blocus de Berlin, puis en 1962 lors de la crise des missiles de Cuba et plus tard lors de l'invasion de l'Afghanistan en 1980.

À l'époque, la plupart des résolutions (quand le Conseil en votait) étaient prises en invoquant le chapitre VI c'est-à-dire le règlement pacifique des conflits. En 1946 par exemple, quand l'Iran protesta contre la présence de troupes de l'Armée rouge sur son territoire, le Conseil proposa à Moscou et à Téhéran de négocier. Ce qui fut fait. C'est aussi s'appuyant sur ce chapitre que le Conseil de sécurité a voté, en 1967, la fameuse résolution 242 sur les territoires occupés par Israël après la guerre des Six Jours.

---

1. *Questions internationales*, n° 11, janvier-février 2005.

Le Conseil de sécurité peut aussi appuyer les offres de « bons offices. » Ce fut notamment le cas lors du conflit entre l'Iran et l'Irak à la fin des années 1980.

Il a fallu attendre la fin de la guerre froide pour que le Conseil de sécurité découvre véritablement le chapitre VII et le recours à l'embargo (art. 41) ou à la guerre (art. 42). Bon nombre des résolutions prises depuis le début des années 1990 s'y réfèrent : guerre du Golfe, Somalie, ex-Yougoslavie, Haïti, Libye...

Fait capital et fort discuté : il n'y a pas de contrôle de la légalité des actes du Conseil de sécurité. Autrement dit, les 5+10 font la loi des nations. Nul ne peut la discuter. Qu'elle soit respectée, c'est autre chose.

Est-il possible de confier la mission de maintenir la paix du monde à un Conseil de sécurité créé en 1945 ? À cette question, la plupart des spécialistes répondent par la négative mais les arguments de ceux qui sont favorables au statu quo ne manquent pas non plus d'intérêt. Selon eux, un Conseil élargi ne serait pas plus légitime que l'actuel. Ses décisions n'en seraient pas moins obligatoires pour les États membres. Ils ajoutent qu'un élargissement porte en lui un risque de blocage. Argument à prendre au sérieux auquel il faut ajouter le risque de faire des mécontents chez ceux qui n'auront pas été choisis par l'Assemblée générale. Si l'Inde est choisie, que dira le Pakistan ? Si le Brésil entre au Conseil, que diront l'Argentine et le Mexique ? Et l'Afrique ? Ces défenseurs du Conseil tel qu'il est aujourd'hui estiment qu'il n'est pas extravagant de continuer à vivre avec cinq États permanents car, note un ancien président de la Commission du droit international des Nations unies[1], il ne faut « pas oublier

---

1. Alain Pellet, *Le Monde*, 25 mars 2005.

que les cinq "Grands" demeurent, à l'heure actuelle, les seules puissances nucléaires "légitimes", les premières à s'être dotées de l'arme atomique et les seules reconnues comme telles par le traité de non-prolifération de 1968. » Ce spécialiste ajoute que le monde est, selon lui, bien représenté au Conseil avec ses membres non permanents élus pour deux ans. « Toutes les grandes "sensibilités" politiques sont représentées au Conseil, aucune ne peut y imposer ses vues, mais chacune peut empêcher la prise d'une décision contraire à ses intérêts, y compris le tiers-monde qui, uni, a une minorité de blocage », écrit-il.

Dans son rapport, Kofi Annan propose deux hypothèses de réforme. Ce ne sont pas les seules. Toutes deux sont conçues sur un élargissement du Conseil de sécurité à vingt-quatre États membres. Neuf de plus qu'aujourd'hui. Les experts estiment qu'un nombre plus important d'États bloquerait son fonctionnement.

Première hypothèse :

Afrique	53 États	0 siège permanent aujourd'hui	2 sièges permanents prévus	4 sièges avec mandat de 2 ans	6 pays africains représentés
Asie-Pacifique	56 États	1 siège permanent aujourd'hui	2 sièges permanents prévus	3 sièges avec mandat de 2 ans	6 pays Asie-Pacifique représentés
Europe	47 États	3 sièges permanents aujourd'hui	1 siège permanent prévu	2 sièges avec mandat de 2 ans	6 pays d'Europe représentés
Amériques	35 États	1 siège permanent aujourd'hui	1 siège permanent prévu	4 sièges avec mandat de 2 ans	6 pays des Amériques représentés
TOTAL	191 États	5	6	13	24

Cette première solution a l'avantage de créer une égalité parfaite entre les continents. Une égalité globale, certes, mais pas pour les membres permanents.

L'Europe, déjà très représentée (surreprésentée disent certains diplomates non européens) avec la France, la Grande-Bretagne et la Russie, le restera avec un siège supplémentaire attribué à l'Allemagne. Situation jugée normale par Jean-Bernard Mérimée, ancien représentant de la France à l'ONU. « Le rôle que joue l'Europe justifie sa place au Conseil de sécurité », dit-il.

La région Asie-Pacifique, forte de ses cinquante-six États, obtiendra, elle, deux sièges de membres permanents (Japon, Inde) qui s'ajouteront à celui de la Chine. Quant au siège supplémentaire attribué à l'Amérique, il ira à un pays latino-américain. Le Brésil probablement.

Reste la question de l'Afrique et de ses cinquante-trois États membres représentés à l'ONU. Le continent n'a pas de siège de membre permanent aujourd'hui. Il en aurait deux dans cette hypothèse de réforme. Des sièges pour l'ensemble du continent, du Maghreb à l'Afrique australe. Or, peut-on classer dans la même catégorie un pays arabe et un pays de l'Afrique subsaharienne ? Le Maroc et le Nigeria ? Faute de créer un groupe des pays arabes, l'Afrique noire va donc devoir se contenter d'un siège, l'autre allant à un pays comme l'Égypte à la fois située en Afrique mais tournée vers le monde arabe. Quant au siège africain restant, à qui sera-t-il attribué ? À l'Afrique du Sud ? Au Nigeria ? Au Kenya ? Et l'Afrique francophone ? Pourquoi pas le Sénégal, candidat lui aussi ? Pour l'Afrique, la bataille diplomatique s'annonce serrée.

Seconde hypothèse :

Afrique	53 États	0 siège de membre permanent	2 sièges avec mandat renouvelable de 4 ans	4 sièges avec mandat de 2 ans non renouvelable
Asie-Pacifique	56 États	1 siège de membre permanent	2 sièges avec mandat renouvelable de 4 ans	3 sièges avec mandat de 2 ans non renouvelable
Europe	47 États	3 sièges de membre permanent	2 sièges avec mandat renouvelable de 4 ans	1 siège avec mandat de 2 ans non renouvelable
Amériques	35 États	1 siège de membre permanent	2 sièges avec mandat renouvelable de 4 ans	3 sièges avec mandat de 2 ans non renouvelable
TOTAL	191 États	5	8	11

La seconde hypothèse d'élargissement du Conseil de sécurité est très différente de la première. Ne serait-ce que parce qu'elle ne prévoit pas la création de nouveaux sièges de membres permanents. Autant dire qu'elle a peu de chance de voir le jour tant les prétendants au statut de « grand » du Conseil sont nombreux et puissants. Elle a néanmoins le mérite d'offrir une meilleure représentation géographique des différents pays membres.

Ainsi l'Afrique se verrait-elle attribuer six nouveaux sièges (deux pour quatre ans et quatre pour deux ans), ce qui permettrait à l'Afrique du Sud, au Nigeria, au Sénégal, à l'Angola et à l'Égypte de représenter toutes les composantes politiques du continent. C'est la même situation qui est prévue pour l'Asie-Pacifique mais il est difficile d'imaginer que le Japon pourrait se satisfaire d'un mandat renouvelable de quatre ans. Quant à l'Europe, elle pourrait voir siéger, temporairement, trois nouveaux membres. Berlin se satisferait-il de cette position ?

DROIT DE VETO OU PAS ?

Dans cette réforme de l'ONU, tant demandée par les deux derniers Secrétaires généraux mais jamais réalisée jusqu'ici par les États membres, une meilleure représentativité du Conseil paraît primordiale. Élargir la composition du Conseil mais en fonction de quels critères ? L'article 23 de la Charte des Nations unies précise que ses membres doivent être choisis en fonction de leur contribution au maintien de la paix et de la sécurité internationales. En fonction aussi d'une répartition géographique équitable. Les candidats sont nombreux. Il est temps d'en dire quelques mots.

Le Japon (près de 128 millions d'habitants ; Produit intérieur brut par habitant : 25 275 dollars en 2002). Puissance économique majeure, un des plus gros contributeurs aux budgets onusiens, ce pays est sans conteste un des candidats les plus crédibles mais sa présence au sein du Conseil ferait de l'ombre à la Chine, la grande puissance montante. Pékin ira-t-il jusqu'à mettre son veto à la candidature de Tokyo, alors que le Japon est devenu son premier partenaire commercial en 2004 ? Les relations entre les deux pays se sont durcies en avril 2005 à la suite des manifestations antijaponaises en Chine après la publication au Japon, de livres scolaires jugés révisionnistes minimisant les brutalités de la politique expansionniste japonaise au XXe siècle. Curieuses d'ailleurs ces manifestations alors même que commençaient à New York les discussions sur l'élargissement du Conseil. À cela il faut ajouter une campagne de pétitions en Chine, contre la candidature du Japon. Elle aurait rassemblé quelque vingt millions de signatures. « Je pense que le problème général dans les relations Chine-Japon, c'est que le Japon doit affronter son histoire sans détour », disait en avril 2005 le Premier ministre chinois. Même la dictature stalinienne de Corée du Nord a fait entendre sa voix. Début avril 2005, l'agence de presse nord-coréenne publie un communiqué : « Le Japon ne doit pas être autorisé à présenter sa candidature, son passé est jonché de sanglantes guerres d'agression contre l'humanité. » Les souvenirs des exactions nippones durant la Seconde Guerre mondiale notamment ne s'oublient pas en Asie. En dépit de ce handicap politique le Japon, puissance économique, est bien placé car l'Asie est sous-représentée au Conseil. D'autre part, ce pays est le deuxième pays contributeur au budget de l'ONU après les États-Unis (22 %) avec une quote-part de 19,48 %. À lui seul, le Japon finance davantage les Nations unies que quatre des cinq pays membres permanents : Grande-Bretagne (6,1 %), France (6 %), Chine (2 %), Russie (1 %). La diplomatie du carnet de chèques ? « Il me semble que depuis des années le Japon investit beaucoup à New York », ironise un diplomate français. Un fonctionnaire onusien est plus tranchant. « Le Japon achète ses voix », dit-il. Selon les chiffres publiés par le gouvernement japonais, Tokyo aurait, en outre, versé un milliard de dollars entre 2001 et 2003 aux différentes agences de l'ONU. Une telle générosité mériterait en effet d'être récompensée...

L'Allemagne (82 millions d'habitants ; Produit intérieur brut par habitant : 25 651 dollars en 2002) est un autre candidat sérieux. Également puissance économique, pilier avec la France de l'Union européenne, Berlin est le troisième contributeur financier de l'ONU avec une quote-part de 8,6 %. Discrète ces dernières années, l'Allemagne demande avec un peu plus d'insistance ce siège de membre permanent qui lui permettrait de faire entendre sa voix sur la scène internationale.

Le Brésil (plus de 176 millions d'habitants ; Produit intérieur brut par habitant : 7 476 dollars en 2002). Puissance régionale incontestable, aux grandes richesses, le Brésil a sa place au Conseil de sécurité. C'est de loin le pays le plus puissant du continent latino-américain. Néanmoins, ce pays lusophone, qui a souvent siégé comme membre non permanent au Conseil, ne fait pas l'unanimité car d'autres pays de la région sont candidats.

L'Inde (plus d'un milliard d'habitants ; Produit intérieur brut par habitant : 2 976 dollars en 2002). Une juste répartition géographique du Conseil de sécurité impose la présence de ce pays en son sein. Puissance régionale majeure, dont la candidature est soutenue par le « grand de l'Asie », autrement dit la Chine, sa candidature n'est pas vue d'un bon œil par le voisin pakistanais.

L'Afrique du Sud (plus de 44 millions d'habitants ; Produit intérieur brut par habitant : 11 639 dollars). En un peu plus de dix ans, l'Afrique du Sud est devenue une vraie démocratie dont le rayonnement régional n'est pas contestable. Sa candidature va presque de soi mais il n'est pas certain que tous les pays de l'Afrique (francophone notamment) se reconnaissent en lui. Le pays de Nelson Mandela a organisé la Conférence des Nations unies sur le développement durable en 2002. Il parraine, avec le Sénégal, le Nepad (le Nouveau Partenariat pour le Développement de l'Afrique) et a joué le rôle de négociateur en

République démocratique du Congo et dans les crises politiques en Côte d'Ivoire et au Burundi. Il est un membre de poids de l'Union africaine. L'Afrique du Sud est membre de l'ONU depuis la création de l'Organisation. Il est à noter que les Nations unies ont contribué à la lutte contre l'Apartheid. Mise au ban des Nations au temps de la ségrégation raciale, cette candidature est somme toute un juste retour des choses.

Le Nigeria (plus de 120 millions d'habitants ; Produit intérieur brut par habitant : 820 dollars en 2002). C'est le pays le plus peuplé d'Afrique et un producteur de pétrole. Comme l'Afrique du Sud, le Nigeria est un pays anglophone.

L'Égypte (plus de 70 millions d'habitants ; Produit intérieur brut par habitant : 3 568 dollars en 2002). Pays africain ou pays du monde arabe ? Puissance régionale incontestable, il n'est pas certain que l'Égypte qui, comme l'Afrique du Sud, est membre fondateur de l'ONU, soit la mieux placée pour représenter le continent africain auquel elle est géographiquement attachée. Certains spécialistes considèrent qu'il faudrait créer un groupe des pays arabes à l'ONU, groupe que l'Égypte pourrait représenter au Conseil de sécurité.

En mai 2005, l'Allemagne, le Japon, l'Inde et le Brésil ont tenté d'accélérer le processus de réforme. Ils ont proposé une résolution conjointe prévoyant l'élargissement du Conseil de sécurité à vingt-cinq membres avec, donc, dix nouveaux États dont six permanents. Parmi eux, deux représentants de l'Asie, deux de l'Afrique, un de

DROIT DE VETO OU PAS ?

l'Amérique latine et un de l'Europe. Avec, de préférence, le droit de veto[1].

Outre ces candidats, il y a aussi les pays déçus, dont la rancœur est perceptible dans les couloirs de New York. Ainsi, l'Italie qui lorgne vers le Conseil où l'Europe est déjà bien représentée mais qui n'a aucune chance face à l'Allemagne. Le gouvernement italien, s'estimant lésé dans ce projet, a lui-même proposé, en mai 2005, son propre plan d'élargissement. Rome a proposé un élargissement à vingt-cinq membres. Selon les propositions italiennes, il n'y aurait pas de membres permanents supplémentaires mais dix États non permanents supplémentaires, élus pour deux ans, et rééligibles immédiatement, ce qui n'est pas possible aujourd'hui. « Tout cela ressemble fort à une tentative de sabotage de la candidature allemande », remarque un fonctionnaire onusien.

Parmi les déçus figurent aussi la Corée du Sud écrasée par le Japon, le Pakistan moins puissant que l'Inde, ainsi que le Mexique et l'Argentine dans l'ombre du Brésil. Ensemble, ils ont créé un groupe de pression appelé « Unité pour le consensus » en 2005 afin de faire échouer une réforme du Conseil de sécurité qu'ils estiment inéquitable.

---

1. Un groupe de travail, présidé par Javier Pérez de Cuellar, a d'autres propositions. Le Conseil de sécurité devrait être ouvert à neuf nouveaux États membres permanents : Allemagne, Japon, Inde, Afrique du Sud, Brésil, Indonésie et Mexique. Ceux-ci devraient « se regrouper à trois pour exercer un droit de veto. » Le nombre d'États non permanents passerait à quinze. Le Conseil de sécurité serait alors composé de vingt-neuf membres.

Fait notable, dans les deux hypothèses de réforme du Conseil de sécurité vues par le Secrétaire général, il n'y a aucune extension du droit de veto. « Ni l'un ni l'autre modèle n'entraîneraient une diffusion du droit de veto ni une modification des pouvoirs que le Conseil tire de la Charte », écrivent les experts à l'origine du projet de réforme de Kofi Annan. Ce qui veut dire que, dans le projet de création de nouveaux membres permanents, les nouveaux entrants ne pourront pas, en cas de désaccord, empêcher le vote d'une résolution. Si l'Allemagne entre au Conseil, elle sera aux côtés de la Grande-Bretagne et de la France mais elle n'aura pas véritablement voix au chapitre (VI ou VII) quand il s'agira de prendre une décision. En tout cas, son vote aura moins de poids que celui de ses deux autres amis européens. Est-ce vraiment envisageable ? « Évidemment non, remarque un diplomate français, si l'Allemagne entre au Conseil, elle aura le droit de veto comme les Français. » Même chose pour le Japon qui serait, pour l'Asie, en état d'infériorité face à la Chine à la table de réunion de New York.

Autant l'élargissement du Conseil de sécurité est une idée approuvée par la plupart des États membres, même si cette unanimité est moins flamboyante quand il s'agit de choisir et de passer aux actes, autant la question du veto attise les débats. « Il ne faut pas le donner aux nouveaux États entrants », estime l'ancien Premier ministre Alain Juppé. Au contraire, Jean-Bernard Mérimée pense que « faire entrer de nouveaux États membres sans le droit de veto serait une demi-mesure voire une erreur ».

« Soit on en reste aux cinq permanents avec veto, et nous disons aux autres pays candidats qu'ils ne feront que passer deux, trois ou quatre ans au Conseil sur un strapontin, soit on augmente le nombre d'États permanents mais il faut aussi leur donner le droit de veto qui va avec ce statut », renchérit un diplomate européen en poste à Paris. Il ne faut pas, ajoute-t-il, voir apparaître « une première et une seconde classe chez les États membres permanents ».

Le souhait des réformateurs de l'ONU est différent. Pour eux, en effet, le veto est en quelque sorte passé de mode même si, disent-ils, ils en comprennent l'utilité, « les États membres les plus puissants ayant la garantie que leurs intérêts seraient préservés », écrivent les sages dans leur rapport de décembre 2004. Ils pensent que le veto a « un côté anachronique qui sied mal à l'institution, étant donné l'avancée de la démocratie. » Ils souhaiteraient qu'il soit utilisé seulement lorsque « des intérêts vitaux » sont en jeu. « Peut-être faut-il le réserver à certaines questions ? », s'interroge Alain Juppé. « Il faut le limiter à l'utilisation de la force armée », ajoute l'ancien Secrétaire général Boutros Boutros-Ghali.

Ces réserves ne sont pas de mise dans le rapport de son successeur. Rien sur le droit de veto. Il n'est pas encore venu le temps où les États-Unis, la Russie, la Chine, la Grande-Bretagne et la France se verront dépossédés de leur veto qui est, pour eux, un signe extérieur de puissance.

À quinze, à vingt-quatre ou à vingt-cinq, le Conseil « bâtisseur de consensus », selon Kofi Annan, continuera, de toute façon, à élaborer et à voter ces fameuses résolutions, ces textes de compromis censés faire face aux crises internationales, résolutions souvent critiquées à cause de leur caractère trop général. Une réforme des Nations unies passe sans doute par un changement dans l'élaboration de ces textes qui doivent être, non seulement, le résultat de consultations entre les cinq permanents mais aussi entre tous les membres du Conseil, afin « d'aboutir à des textes précis », demande Alain Juppé.

D'ailleurs, que l'on ne s'y trompe pas. Les résolutions du Conseil de sécurité ne s'élaborent pas dans la grande salle si souvent montrée dans les journaux télévisés, avec sa table en fer à cheval autour de laquelle prennent place les représentants de quinze États, elles naissent dans l'ombre. Elles se peaufinent surtout dans la salle de consultation privée où, selon Alain Dejammet, ancien ambassadeur français au Conseil, « quinze personnes se parlent franchement et se reparlent » afin de polir un texte. Pour lui en effet, la menace du veto oblige constamment à retravailler un projet de résolution avant de le voter. C'est dans ces moments-là que la personnalité du diplomate est décisive. Même s'il agit en fonction des instructions qu'il reçoit de sa capitale, sa façon de faire, son caractère, son expérience se révèlent capitaux. « N'oubliez jamais que sous les sigles de l'ONU il y a des êtres humains », remarque un fonctionnaire des Affaires étrangères.

Doit-on continuer à instaurer une présidence tournante du Conseil ? Un représentant de l'un des quinze États chaque mois. Alain Dejammet le pense même si, dit-il, « certains pays veulent se valoriser en présidant le Conseil. » À l'en croire, c'est tout juste si les représentants de ceux-ci ne créeraient pas des crises afin de montrer leur meilleur profil aux journalistes. « Quoi qu'il en soit, il ne faut pas donner au Conseil de sécurité des tâches qui sont au-dessus de ses forces », dit Jean-Bernard Mérimée.

DROIT DE VETO OU PAS ?

L'utilisation de la force fait-elle partie de ces tâches ? La crise diplomatique de 2003 à propos de l'Irak est toujours dans les mémoires. Dans son rapport, Kofi Annan souligne que le Conseil de sécurité « a le droit de recourir à la force armée, entre autres à des fins préventives, pour préserver la paix et la sécurité internationales. » Pas de doute, il est fait mention de la guerre préventive si chère à l'administration de George Bush dans un texte onusien. Afin d'éviter tout malentendu à propos de l'utilisation des forces armées, le Secrétaire général envisage quelques critères que les diplomates du Conseil devraient prendre en compte avant de sonner le clairon :

– *La gravité de la menace,*
– *le but réel de l'intervention militaire proposée,*
– *la possibilité que des moyens autres que le recours à la force permettent de neutraliser la menace,*
– *et les questions de savoir si l'intervention militaire est une réaction proportionnée à la menace et a de bonnes chances d'aboutir.*

En janvier 2005, lors d'une conférence organisée par le centre international Olof Palme (du nom de l'ancien Premier ministre assassiné) à Stockholm, un certain nombre de diplomates ont analysé ses critères. Pour eux, ces normes ne permettaient pas une guerre en Irak. En revanche, elles « auraient justifié une intervention au Rwanda », selon un ancien ministre australien des Affaires étrangères.

3

Un Conseil de sécurité économique ?

Il y a quelques années les onusiens ont fait un rêve. Leur organisation jouait un rôle décisif en matière économique. Ce songe n'est resté qu'à l'état de songe et, depuis la fin de la guerre froide, il s'est transformé en une préoccupation constante : et si l'ONU se dotait d'un Conseil de sécurité capable de réguler la globalisation ?

Un Conseil de sécurité économique. Le nom en impose peut-être mais à quoi servirait-il exactement ? Pas à produire des résolutions. Nous savons déjà que, sur le plan politique, elles naissent dans la douleur et ne sont guère respectées. Alors de quel poids pourrait peser ce genre de texte au cœur d'économies ouvertes à tous les courants plus ou moins orthodoxes du libéralisme ? D'autant qu'en matière économique l'ONU a, au mieux, fait preuve d'irréalisme et de dogmatisme, au pire d'incompétence.

Au cours des années 1970 quand l'Organisation croupissait dans l'oubli et ses délégués dans l'ennui, certaines délégations avaient envisagé d'agir sur l'économie mondiale. L'Assemblée générale gentiment reléguée sur la touche, au moment où Russes et Américains s'affrontaient, avait eu la curieuse et vaine ambition de peser sur les relations économiques internationales et d'inventer un nouveau « modèle » sous la pression des pays nouvellement indépendants, venus en masse grossir ses rangs. Il était question par exemple de réguler le marché des matières premières, d'accroître notablement l'aide au développement, ou bien de contrôler l'exploitation des fonds marins et même de l'espace. Pour lutter contre le capitalisme et les multinationales, coupables de tous les maux, il était même question, en 1974, de créer un Nouvel ordre économique international (NOEI). Celui-ci voulait redéfinir les relations économiques Nord-Sud. Qui s'en souvient encore ? Qui sait encore qu'il existe, depuis 1964, une Conférence des Nations unies pour le commerce et le développement (CNUCED) dont la raison d'être est l'intégration des pays en développement dans l'économie mondiale ? Pas les principaux acteurs des marchés qui ne jurent que par l'OMC, l'Organisation mondiale du commerce. Comme l'écrit Alain Dejammet[1] : « L'échec est venu de ce que les projets, avec tout ce qu'ils comportaient de volonté normatrice, heurtaient de front un principe autrement robuste, ancré au plus profond du comportement des États fondateurs les plus puissants : celui de la libre entreprise, de la toute-puissance des marchés. » À coup sûr, l'échec serait encore plus cinglant aujourd'hui si l'ONU s'avisait de s'occuper de l'économie mondiale.

---

1. *Supplément au voyage en Onusie*, Fayard, 2003.

UN CONSEIL DE SÉCURITÉ ÉCONOMIQUE ?

Pourtant tout dépend en réalité de ce que l'on attend d'un Conseil de sécurité économique. Il ne serait pas question pour lui de régenter la Banque centrale américaine, de fixer le taux de l'euro, ou de relancer la consommation en France. Ce Conseil pourrait en revanche réguler l'économie mondiale en coordonnant la cohorte des agences onusiennes chargées de ce secteur de l'activité internationale. Partant du principe que la sécurité collective, la raison d'être de l'institution, concerne aussi l'économie, elle peut difficilement s'en désintéresser. Or, force est de constater, comme le fait l'ancien ambassadeur, Stéphane Hessel, « qu'il manque aux Nations unies une instance de très haut niveau, à l'image du Conseil de sécurité, qui donnerait une impulsion et une cohérence à l'ensemble des institutions économiques, financières et culturelles existantes[1] ».

Dans les années 1980, Jacques Delors, l'ancien président de la Commission européenne, appelait de ses vœux un tel conseil. « Le mot sécurité avait un avantage : celui de dire que les conflits, et les problèmes de sécurité dans le monde, proviennent aussi de causes économiques et sociales », dit-il, avant d'ajouter qu'il « avait un inconvénient, car il suscitait tout de suite la méfiance des membres permanents du Conseil de sécurité des Nations unies qui, lui, est politique[2]. » Deux décennies plus tard, l'ancien ministre des Finances de François Mitterrand, défend plus que jamais cette idée. Pour lui, ce Conseil de sécurité économique aurait comme mission d'assurer le développement de la planète, un développement durable, qui ne

---
1. *Le Monde diplomatique*, juillet 2003.
2. *Les Notes de la Fondation Jean-Jaurès*, n° 43, septembre 2004.

menace pas l'avenir ni les générations futures. Selon Jacques Delors, « il serait le garant de la sécurité collective économique et la clef de voûte d'un système mondial de régulation économique[1]. » Pour ce fervent Européen, ce Conseil de sécurité économique :

— Assumerait la responsabilité d'une règle du jeu collective chaque fois qu'un intérêt général, à l'échelle de la planète, aura été identifié ;
— Travaillerait à la cohérence de l'action des institutions internationales ;
— Serait appelé à rendre des arbitrages entre efficacité et équité, entre court terme et long terme, entre environnement et croissance ;
— Pourrait aussi remplir une mission de surveillance. Il pourrait par exemple être habilité à lancer des avertissements lorsque tel ou tel acteur s'écarterait trop de l'application des normes agréées.

Selon Jacques Delors, ce Conseil devrait se réunir une à deux fois par an au niveau des chefs d'États et de gouvernement, « sur les grandes questions de nature économique qui peuvent représenter une menace pour la paix » et devrait accueillir les grandes puissances industrielles du G7 plus la Russie et des nations émergentes comme l'Inde et le Brésil, candidats, on le sait, à un poste de permanent au Conseil de sécurité actuel. Dans cette institution, prendraient place également les représentants des organisations régionales comme l'Union européenne ou l'Union africaine. Tout comme les organisations

---

1. www.notre-europe.asso.fr, 2 décembre 2004.

UN CONSEIL DE SÉCURITÉ ÉCONOMIQUE ?

spécialisées tant honnies par les altermondialistes et les pays du Sud comme le FMI et la Banque mondiale. En outre, l'OMC travaillerait avec ce Conseil en lui fournissant des études, des analyses. Noble idée reprise aujourd'hui, en l'englobant à d'autres secteurs, par l'Internationale socialiste qui estime nécessaire de « créer un Conseil de sécurité de l'ONU sur l'économie, la société et l'environnement, c'est-à-dire un Conseil de développement durable, qui coordonnera le développement durable à l'échelle mondiale, encouragera des réponses efficaces face aux inégalités et à la volatilité financière et qui encouragera la croissance économique et l'expansion de l'emploi[1] ».

Ce conseil tant désiré par les zélateurs du multilatéralisme existera-t-il un jour ? Pas tant que les États considéreront que l'économie ne supporte pas d'entrave. Il serait étonnant que les États-Unis (et pas seulement sous l'administration de George Bush) envisagent, ne fût-ce qu'un instant, la création d'une structure internationale qui entacherait le credo qui leur sied : la libre entreprise. Même chose pour l'Europe dont la constitution mettait en avant la libre concurrence. Inutile d'échafauder de tels projets, disent en revanche certains praticiens de l'ONU : le Conseil de sécurité économique existe déjà. Au risque d'apparaître comme des rabat-joie peu enclins à la nouveauté, ils rappellent, faisant montre ainsi de réalisme, qu'il existe à l'ONU un organe qui a pour nom : Conseil économique et social, l'ECOSOC pour les initiés. D'après eux, cet organe ressemble fort à ce désormais mythique

---

[1]. *Les notes de la Fondation Jean-Jaurès, op. cit.*

Conseil de sécurité dédié à l'économie. Pour comprendre, il faut en dessiner les contours.

Ce Conseil-là est, selon la Charte, « l'organe principal de coordination des activités économiques et sociales de l'ONU » et de ses organismes et institutions spécialisées qui constituent ce que l'on appelle « le système (ou la famille) des Nations unies. » Il comprend les représentants de cinquante-quatre États membres élus pour trois ans et répartis dans différents groupes géographiques : États africains, asiatiques, d'Europe orientale, d'Amérique latine et des Caraïbes et d'Europe occidentale « et autres États ». Il se réunit une fois l'an à New York ou à Genève. Le reste de l'année, des commissions et des comités assurent le suivi des travaux dont la portée est sans limites. À en croire la littérature onusienne, le Conseil économique et social :

– *Sert d'instance principale pour l'examen des questions économiques et sociales internationales ;*
– *Réalise ou fait faire des études et des rapports et formule des recommandations sur des questions internationales dans les domaines économique, social, culturel, éducatif, de la santé publique et dans d'autres domaines apparentés ;*
– *Assure le respect effectif des droits de l'homme et des libertés fondamentales pour tous ;*
– *Convoque des conférences internationales sur des questions qui relèvent de sa compétence ;*
– *Conclut des accords avec les institutions spécialisées ;*
– *Coordonne les activités des institutions spécialisées ;*
– *Consulte les organisations non gouvernementales intéressées sur les questions dont il s'occupe.*

UN CONSEIL DE SÉCURITÉ ÉCONOMIQUE ?

Mis à part la consultation des ONG présentes en son sein, qui donne à cet organe onusien sa singularité, rien d'original dans cette liste de prérogatives. En effet, l'ECOSOC est désormais une entité bureaucratique sans prise avec la réalité de l'activité économique contemporaine. On le sait, l'ONU n'a jamais eu peur de voir grand et de creuser l'abîme qui sépare les proclamations d'intentions et la réalité. Cet État dans l'État onusien doit, en fait, s'occuper de toutes les activités humaines. Il chapeaute par exemple des institutions spécialisées comme l'Organisation internationale du travail (OIT), une survivante de la Société des nations dont on s'interroge sur le rôle exact aujourd'hui. Cette organisation, née en 1919, est théoriquement chargée de promouvoir la justice sociale. On y trouve aussi l'Organisation de l'aviation civile internationale (OACI), l'Union postale universelle (UPU), l'Organisation maritime internationale (OMI) ou bien encore l'Organisation des Nations unies pour le développement international (ONUDI) et bien d'autres encore. Autant d'entités condamnées à demeurer dans l'anonymat. L'ECOSOC supervise aussi, en principe, l'activité des programmes ou des fonds à caractère humanitaire. On l'aura compris, le Conseil économique et social est sans aucun doute le noyau dur de la bureaucratie onusienne. Ses domaines de compétence sont tellement vastes et la liste de ses entités si longue que l'on se demande si quelqu'un à New York ou Genève a vraiment la maîtrise de ses travaux. D'autant que ce monstre bureaucratique a créé des commissions techniques et régionales qui sont autant de bastilles plutôt opaques. Citons, par exemple, la commission du développement social, des stupéfiants, du développement durable, de la condition de la femme, de la statistique. Ou la commission économique pour l'Afrique, pour l'Europe, pour l'Amérique latine et les Caraïbes, pour l'Asie et le Pacifique. Il faudrait un livre entier pour présenter ce Conseil et ses « produits » dérivés. Au sujet de l'ECOSOC, Jacques Delors est sévère. Il est, dit-il, « devenu un organe bureaucratique, il n'a jamais assumé son rôle de coordination centrale et d'impulsion de l'action économique de l'ONU ». Difficile donc d'entrevoir dans cette machinerie, qui fait tourner à plein l'imprimerie des Nations unies, le futur Conseil de sécurité économique. Un ancien ambassadeur en poste aux Nations unies le reconnaît, tout en rappelant que le Conseil ne manquait pas de prestige avant les années 1970. « Il a été dévoré par ses organismes subsidiaires », dit-il. Le monstre a en quelque sorte été étouffé par les créatures qu'il a engendrées. Et ce sont ses créatures qui sont sous les feux des projecteurs alors que lui est presque oublié.

Comme le note Alain Dejammet[1] : « Butte témoin d'une autre époque, celle où certains rêvaient de discipliner l'économie mondiale, le Conseil économique et social a sombré avec l'écroulement progressif des doctrines dirigistes ». « La mondialisation, vous l'avez là », dit le diplomate mais, ajoute-t-il, « comme il existe déjà on s'en moque et on préfère le neuf. » Peut-être est-il préférable de créer le Conseil de sécurité économique de Jacques Delors que de tenter de réveiller l'ECOSOC marginalisé depuis trois décennies.

Malheureusement, pas un mot sur un futur Conseil de sécurité économique ne figure dans le rapport de Kofi

---

1. *Supplément au voyage en Onusie, op. cit.*

UN CONSEIL DE SÉCURITÉ ÉCONOMIQUE ?

Annan. Comme il ne faut pas attendre des États l'initiative d'un tel Conseil, il va falloir que ses partisans patientent, sans se faire d'illusions. Tout comme il va falloir attendre la création d'un hypothétique « Conseil mondial du développement durable » que préconisait Pascal Lamy avant de devenir le directeur général de... l'OMC.

4

L'Assemblée générale des Nations unies

L'ONU témoigne d'une évolution notable. Et paradoxale également.

Alors que le monde est désormais « globalisé » ou « mondialisé », et les frontières presque virtuelles, jamais la notion d'État – avec ce que cela suppose d'attachement à une identité, à des prérogatives et à des intérêts souverains – n'a été aussi rayonnante. Cette évolution n'est pas d'ailleurs sans compliquer la mission de l'ONU. En effet, plus les États sont nombreux, plus les conciliations relèvent de patientes négociations et les compromis difficiles à obtenir, plus la notion de sécurité collective est intraduisible dans les faits.

Quelques chiffres soulignent cette évolution.

1945 : 51 États (fondateurs), 1960 : 99, 1970 : 127, 1980 : 154, 1994 : 185, 2002 : 191.

Après la vague des nouveaux États nés de la décolonisation, ce sont les années 1990, qui dans le façonnage de la « nouvelle Europe », consécutif à la chute du mur de Berlin, ont entraîné un nombre important de candidatures à l'ONU. Treize pays sont ainsi devenus des États membres en 1992. Un an plus tôt, sept nations avaient fait leur entrée par la grande porte new-yorkaise. Parmi elles, une postulante plutôt inattendue dont l'Organisation aimerait se passer : la République populaire démocratique de Corée ou Corée du Nord. Les deux derniers pays devenus États membres de l'ONU sont le Timor-Leste (dont la marche vers l'indépendance a été soutenue avec succès par l'ONU) et un pays neutre : la Suisse. C'était en 2002.

L'Assemblée générale des Nations unies est fascinante. En septembre, quand une session commence, New York devient plus que jamais cosmopolite et le siège de l'Organisation ressemble à une tour de Babel. Cette représentation du monde est la vraie force de l'ONU. Elle est symbolisée par l'alignement des drapeaux des États membres au pied de la tour, au 38e étage de laquelle le Secrétaire général scrute le monde.

Le classement des États membres peut se faire sur la base de multiples critères. Il y a les membres les plus industrialisés, c'est-à-dire les États-Unis, le Japon, l'Allemagne, la France, la Grande-Bretagne, l'Italie, le Canada (les membres du G7) auxquels les puissants de la planète ont ajouté la Russie. Il y a les pays qui en imposent par leur superficie et leur population. La Russie, ici, arrive en tête. À côté de ce géant, combien d'entités minuscules : la République de Kiribati formée de quelques îles dans le Pacifique ou Antigua-et-Barbuda, ce micro État des Petites Antilles.

L'ASSEMBLÉE GÉNÉRALE DES NATIONS UNIES

Les cent quatre-vingt-onze drapeaux qui claquent au vent de Manhattan font voyager. Ils nous obligent aussi à revoir nos connaissances géographiques. Les îles Salomon ? La capitale s'appelle Honiara. Cet archipel de quelque trois cent mille habitants, composé de dix grandes îles et d'une multitude d'îlots, fut exploré par Bougainville. Il est indépendant et État membre de l'ONU depuis 1978. Le Bhoutan ? Cet État himalayen compte un million d'habitants. Il est représenté à l'ONU depuis 1971. Nous pourrions allonger la liste, parler de Saint Kitts-et-Nevis, Sao Tomé et Principe ou de l'atoll de Tuvalu, 26 km² et onze mille habitants qui, en janvier dernier, à l'occasion d'une réunion onusienne sur les petites îles en développement, n'a pas hésité à pointer du doigt les États-Unis, accusant le géant de nier le changement climatique alors que cette poussière d'État est menacée par une montée des eaux qu'elle attribue au réchauffement de la planète.

Puisque nous parlons des États membres, il n'est pas indifférent de noter que la Charte n'a toujours pas pris en compte la chute de l'Union soviétique. Elle désigne encore la fédération russe avec les quatre lettres du sigle URSS. Il est en outre utile de rappeler qu'en 1971 la Chine populaire est devenue le représentant de la Chine à l'ONU grâce à un texte d'inspiration américaine approuvé par l'Assemblée générale. Cet État a remplacé Taïwan. Depuis, l'ex-île de Formose a la particularité d'être, pour New York et ses diplomates, un pays fantôme dont les chances de devenir un jour le 192e État membre de l'ONU sont nulles.

L'Assemblée générale, c'est en quelque sorte le Parlement des Nations unies. Un Parlement qui ne vote pas de lois mais des normes dont se nourrissent les lois. Ou des conventions, comme, par exemple, la Convention internationale pour la répression du terrorisme nucléaire votée, en avril 2005, à l'unanimité. Elle « renforcera l'arsenal légal international contre le terrorisme, elle constituera une base légale pour une coopération internationale dans les enquêtes et dans la traduction en justice et l'extradition de ceux qui commettraient des actes terroristes », dirent les délégués américains. Le vote de ce texte fait d'ailleurs partie du plan de Kofi Annan dans la partie : « Lutte contre le terrorisme ». La réforme de l'ONU aurait donc commencé ?

Les délégations des États membres (cinq personnes au plus) sont les députés de cette Chambre. Chaque pays y a une voix. Qu'il s'appelle les États-Unis ou le Burkina-Faso. « C'est cela les Nations unies ! » s'exclame un ambassadeur français. La mythologie onusienne met volontiers en avant cette égalité de traitement évidemment factice. Certaines organisations politiques, comme le Conseil de l'Europe, ou d'institutions humanitaires comme le Comité international de la Croix-Rouge assistent à ses travaux. Comme le Vatican aussi.

Au sein de l'institution, les pouvoirs de l'Assemblée sont plutôt vastes.

Elle examine les grandes questions de coopération, de développement, de maintien de la paix, et crée tout nouvel organe qu'elle souhaite (elle ne s'en est pas privée), reçoit et étudie les rapports du Conseil de sécurité et, point important, vote le budget de l'Organisation. L'Assemblée générale peut aussi adopter des textes. Ce ne sont pas des résolutions (notez d'ailleurs que ce mot ne figure pas dans la Charte) mais des recommandations sans valeur contraignante.

Chaque année, la session commence en septembre. C'est, pour les ministres des Affaires étrangères, l'occasion de s'offrir un séjour à New York afin de prononcer des discours qui portent haut les valeurs onusiennes, discours que tout le monde s'empresse d'oublier.

Mieux que le Conseil de sécurité, l'Assemblée générale reflète la « communauté internationale » avec sa diversité et ses contradictions. Elle peut aussi se réunir en session extraordinaire sur convocation du Secrétaire général, à la demande du Conseil de sécurité ou d'une majorité d'États membres. Cela s'est déjà produit à l'occasion de crises internationales : Hongrie et Suez (1956), Congo (1960), Afghanistan (1980), Palestine (1980 et 1982). L'Assemblée s'est également réunie, de façon impromptue, afin d'examiner des questions précises comme le financement de l'Organisation, le désarmement, la drogue, l'Apartheid ou le sort des femmes. Pour la première fois de son histoire, l'Assemblée a tenu, le 24 janvier 2005, une session commémorative extraordinaire pour marquer le soixantième anniversaire de la libération des camps d'extermination nazis. Cent quarante-huit pays sur cent quatre-vingt-onze ont approuvé cette décision.

Pour comprendre l'étendue des domaines traités par l'Assemblée générale, il suffit (si l'on peut dire) de consulter son ordre du jour. Il s'agit d'un exercice fastidieux. Sa lecture attentive se révèle cependant instructive. Elle en dit long sur sa volonté d'embrasser des pans entiers de l'activité humaine et le caractère parfois étrange de ses préoccupations.

À l'occasion de la 59ᵉ session, en 2004, cent cinquante-huit thèmes de débats au moins étaient au programme. Y figuraient évidemment l'examen des grandes questions internationales ainsi que quelques rendez-vous presque immuables qui sont autant de repères pour les délégations, comme la « question de la Palestine » et « la situation au Moyen-Orient » qui, à la tribune de New York, donnent à entendre des critiques répétitives contre Israël, probablement l'État qui a fait l'objet du plus grand nombre de condamnations de la part de l'Assemblée générale.

Cette session de 2004 a donné lieu à des discours sur la « nécessité de lever le blocus économique, commercial et financier imposé à Cuba par les États-Unis » ou bien sur des thèmes plus originaux comme « Le sport au service de la paix et du développement ». À Manhattan, de septembre à décembre 2004, les délégués de cent quatre-vingt-onze États ont, avec plus ou moins d'assiduité et d'intérêt et avec l'impact que l'on sait sur la marche du monde, examiné l'hypothèse d'une « réduction des budgets militaires » (en hausse constante depuis des décennies), « la transparence dans le domaine des armements » et la création d'une « zone exempte d'armes nucléaires dans la région du Moyen-Orient » tout en s'inquiétant du « risque de prolifération nucléaire » dans la région. Ils se sont aussi interrogés sur la « question des îles malgaches Glorieuses, Juan de Nova, Europa et Bassas da India », sans oublier la « suite donnée à l'Année internationale des personnes âgées » et la quatrième Conférence mondiale sur les femmes. Enfin, je m'en voudrais d'omettre l'énigmatique point 141 de l'ordre du jour intitulé : « Nationalité des personnes physiques en relation avec la succession d'États ».

Ainsi va l'Assemblée générale de l'ONU, accumulant avec gourmandise ce qu'elle sait faire de mieux, les sujets de discussion qui frappent par leur caractère éclectique : de « la place des diamants dans le financement des conflits » à « l'application de la Déclaration sur l'octroi de l'indépendance aux pays et aux peuples coloniaux », accumulant les thèmes qui, au mieux, aboutissent à des recommandations que les historiens pourront consulter pour nourrir leurs thèses sur les velléités de changement exprimées par les diplomates au sein de l'Organisation des Nations unies.

En évoquant ainsi le travail de l'Assemblée, nous frisons l'injustice. Ses défenseurs considèrent en effet qu'elle est « la conscience des nations » pour reprendre le mot d'un haut fonctionnaire de la maison. En outre, comme le note un diplomate français qui a travaillé à New York, « cette maison est aussi une machine à faire du droit ». Soit.

Ne pourrait-on pas néanmoins, dans cet impressionnant forum du monde, faire l'économie de discours interminables, convenus, vains qui déclenchent chez les diplomates des bâillements à peine étouffés ?

Une autre manière d'appréhender (ou tenter de le faire) cette insondable Assemblée est de s'intéresser un instant à ses six commissions spécialisées.

La première est chargée des questions de désarmement.

En 2004, cette commission s'est mis à dos la France, la Grande-Bretagne, les États-Unis (trois des cinq permanents) ainsi qu'Israël, en présentant un texte sur « l'accélération de la mise en œuvre des engagements en matière de désarmement nucléaire ». Les représentants de ces pays ont protesté. Selon eux, ce texte ne tenait pas compte de « leurs progrès accomplis en matière de désarmement ». Il a quand même été adopté par les trois quarts des États membres. Qu'est-il devenu ?

La deuxième commission s'occupe, elle, des questions économiques et financières. Elle s'est notamment intéressée à la question de la dette des pays les plus pauvres et a critiqué la Banque Mondiale et le Fonds monétaire international.

La troisième commission (chargée des affaires sociales, humanitaires et culturelles) s'est interrogée sur le recul, selon elle, des progrès réalisés en matière de droits de l'homme. Sans le nommer, les diplomates ont désigné un État membre (les États-Unis), condamnant l'utilisation de la torture, puis se sont inquiétés de la montée de l'islamophobie et de l'antisémitisme. La commission a aussi demandé « à tous les gouvernements de redoubler d'efforts pour créer une société pour tous ». De bons sentiments n'engagent à rien.

Quant à la quatrième commission de l'Assemblée générale, dédiée aux « questions politiques spéciales et de la décolonisation », elle s'est, avec une sollicitude qui lui fait honneur, intéressée aux seize petits territoires de la planète non encore autonomes. Au cours de son examen, elle a remercié la Nouvelle-Zélande de « faire avancer la situation aux Tokélaou » mais elle a regretté de ne pouvoir encore rien faire pour le Sahara occidental. Gibraltar ? Une note de l'ONU relève que « l'Assemblée a adressé la requête habituelle au Royaume-Uni et à l'Espagne d'apporter une solution définitive au problème, les appelant, en sus, à tenir compte des intérêts et des aspirations de Gibraltar ». Pour une fois, en avance ou presque sur son époque, les diplomates de cette commission ont également demandé au « Comité des utilisations pacifiques de l'espace extra-atmosphérique, comment les sciences et techniques spatiales et leur application pourraient contribuer à la réalisation des Objectifs du Millénaire pour le développement, notamment dans les domaines de la sécurité alimentaire et de l'éducation »...

La cinquième commission (la sixième est chargée des questions juridiques) nous intéresse davantage dans cette exploration car elle s'occupe notamment du budget (biennal) des Nations unies. C'est en effet l'Assemblée générale qui vote ce budget, sans doute sa prérogative principale. Dans un texte daté du 7 mars 2005 intitulé « Esquisse budgétaire proposée pour l'exercice biennal 2006-2007 », l'Assemblée « invite le Secrétaire général à établir le projet de budget-programme [...] sur la base d'une estimation préliminaire représentant 3 621,9 millions de dollars des États-Unis » et décide que cette somme devra servir, entre autres, « au maintien de la paix et de la sécurité internationales », au « développement de l'Afrique », et à « la promotion de la justice et du droit international ». Si peu d'argent au fond pour de tels objectifs !

Le budget de l'ONU. Cent quatre-vingt-onze États la composent mais une bonne dizaine d'entre eux, seulement, assurent 80 % de son financement. Trop chères les Nations unies ? « En 2004, le budget de l'ONU s'élève à près de 6 milliards de dollars, dont 1,2 milliard pour le budget ordinaire et près de 4 milliards pour les opérations de maintien de la paix. À titre de comparaison, le budget de la France est d'environ 380 milliards de dollars et le budget de la défense est de 345 milliards », remarque une spécialiste[1]. Chaque pays membre verse une quote-part à l'ONU proportionnelle à son PIB. Cette participation va de 22 % pour les États-Unis (25 % jusqu'en 2000, le seuil a été rabaissé en échange du remboursement des arriérés américains) jusqu'à 0,001% pour les pays les moins avancés, très nombreux au sein de l'Organisation. À eux seuls, les États de l'Union européenne versent 32% des ressources onusiennes. Outre ce budget ordinaire, les États versent aussi une contribution obligatoire au budget des opérations de maintien de la paix. La France paie 7,31% de celui-ci, soit près de 290 millions de dollars en 2004. En revanche, il faut souligner que les différents fonds et programmes du système onusien sont financés, eux, par des contributions volontaires.

Le lecteur, indulgent, pardonnera ces quelques lignes arides, mais une réforme de l'Assemblée générale passe sans doute par un changement de son mécanisme de financement. En effet, est-il acceptable qu'une Organisation comme celle-ci soit obligée de dépendre de l'humeur de ses États membres ? de quémander pour assurer son fonctionnement ? L'ONU est en constante recherche de fonds car, parmi ses cent quatre-ving-onze États membres, certains rechignent à payer leurs cotisations. De budget en budget, les arriérés de paiement s'accumulent. Fin 2003 par exemple, « le solde non acquitté des contributions au budget ordinaire était de 453,1 millions de dollars », souligne une note de l'ONU. Un an plus tard, les États devaient à l'ONU plus de 3 milliards de dollars : 2,57 milliards pour les opérations de maintien de la paix,

---

1. Claire Bodonyi, *Questions internationales*, n° 11.

357 millions pour le budget ordinaire. À cette date, cent vingt-quatre pays avaient réglé «en totalité et à temps» leurs «obligations financières». Pourtant la Charte de l'Organisation est claire. Un arriéré de deux ans entraîne en principe la suspension du droit de vote pour l'État concerné. À ma connaissance, aucun État à ce jour n'a eu à souffrir de cette mesure. Pourtant, elle aurait dû s'appliquer aux États-Unis car une décennie durant Washington a été (compte tenu de sa quote-part) le pire des mauvais payeurs en accumulant des arriérés. Ces retards volontaires ont porté atteinte au bon fonctionnement de l'institution. Une conséquence qui n'a pas eu l'heur de préoccuper le Congrès. Or, non seulement, l'ONU a dû s'accommoder de cette contrainte mais, en plus, les États-Unis ont bénéficié d'une baisse du niveau de leur contribution contre le règlement de leurs impayés. La loi du plus fort est toujours la meilleure, surtout dans l'enceinte onusienne...

Parmi les mauvais payeurs, se trouvent aussi des pays qui ont de vraies raisons de ne pas verser leurs contributions. On y débusque également des États qui marquent ainsi leur opposition à tel ou tel aspect de l'action onusienne. Les Tribunaux pénaux pour le Rwanda et l'ex-Yougoslavie ont des difficultés à être financés pour cette raison. Certains États considèrent en outre que l'ONU dépense trop d'argent dans d'obscures actions sans s'interroger sur leur pertinence. Il est aisé, parfois, de comprendre leur réticence car certaines missions de l'ONU semblent avoir un coût élevé comparé à leurs objectifs. En novembre 2004 par exemple, l'Assemblée générale a approuvé le versement de 5,4 millions de dollars à une commission mixte Cameroun-Nigeria dont le but, dit un document onusien, est « de permettre la mise en œuvre de la décision de la Cour internationale de justice concernant la délimitation des frontières entre ces deux pays ».

Réformer l'Assemblée générale, cela voudrait notamment dire appliquer la Charte et exclure les mauvais payeurs tant que ceux-ci ne se sont pas acquittés de leur dette.

Curieusement, la réforme de l'Assemblée générale n'occupe pas une grande place dans l'esprit des représentants des États membres, obnubilés par celle du Conseil de sécurité. Et pourtant, certains aimeraient que cette Assemblée devienne un jour un vaste parlement mondial. Nous en sommes loin. Il paraît plus vraisemblable qu'elle demeure une enceinte où les mots tenteront de faire oublier la souveraineté des États. À condition que cette vocation déclamatoire s'exerce sur un nombre plus restreint de sujets, l'assemblée aurait tout à gagner à élaguer considérablement son ordre du jour.

Dans le rapport qu'ils ont remis en décembre 2004 à Kofi Annan, les experts sont sévères avec cet organe onusien. « L'Assemblée se dissipe souvent en se noyant dans des débats sur des vétilles ou des questions dépassées », écrivent-ils. Selon eux, elle est incapable « de trancher la moindre question, elle n'a pas de prise sur les événements. Son ordre du jour surchargé et figé produit des débats répétitifs. S'il est vrai que certaines de ses résolutions ont une grande importance, par exemple la Déclaration universelle des droits de l'homme de 1948, ou la Déclaration du Millénaire de 2000, bien d'autres sont répétitives, obscures ou inapplicables, ce qui nuit à sa crédibilité ». Kofi Annan n'est pas moins lucide. Dans son projet de réforme, il note que « les vrais débats qui se tiennent tendent à privilégier le processus plutôt que le fond, et de nombreuses prétendues décisions ne font que refléter le plus petit dénominateur commun à des opinions fortement divergentes ». Le Secrétaire général aimerait que l'Assemblée générale « rationalise ses travaux » et simplifie notamment son ordre du jour en privilégiant les « questions de fond d'actualité », comme le terrorisme par exemple.

Voix des États membres, tribune pour les gouvernements les plus pauvres et ceux aussi qui se font une idée très particulière de la défense des droits de l'homme, l'Assemblée générale prend parfois, et toujours à la majorité, des décisions pour le moins surprenantes. Ainsi, le 23 novembre 2004, le groupe des pays africains a réussi à empêcher le vote d'un texte européen condamnant les violations des droits de l'homme au Soudan. John Danforth, pasteur de l'Église épiscopale, alors ambassadeur des États-Unis à l'ONU, visiblement déçu, dit : « Il y a des jours comme celui-ci où l'on se demande à quoi sert l'Assemblée générale. » Comment ne pas lui donner raison ? Quelques jours plus tard, avant de quitter ses fonctions, il déclara : « Je suis inquiet car l'Assemblée générale est essentiellement un endroit où cent quatre-vingt-onze pays font des déclarations et la plupart de ces déclarations ne sont pas d'une grande aide pour le règlement des problèmes du monde. »

Faire de l'Assemblée générale un vrai forum des nations et non une tribune pour les règlements de compte entre États, entre riches et pauvres, majoritaires sur la planète donc à l'ONU, démocraties et pays qui n'en sont pas, le pari est loin d'être gagné...

Comme est loin d'être gagné le pari de la réforme. En avril 2005, les représentants des États membres à l'Assemblée ont commencé à examiner les propositions de réforme. Après deux jours de débat, deux visions de cette réforme se dégageaient. Celle des pays les moins avancés (ceux qui bénéficient le plus de l'aide onusienne) pour lesquels la lutte contre la pauvreté est prioritaire et celle des pays les plus développés (ceux qui aident les pays les plus pauvres) qui parlent volontiers de rationalisation des travaux de l'Organisation, voire d'économies et évoquent davantage les questions politiques comme celle de « l'ingérence ».

Nous sommes loin en tout cas de l'enthousiasme décrit, en janvier 2005, à la fin de la 59ᵉ session de l'Assemblée générale, par un communiqué de l'Organisation qui n'est pas sans faire penser à la prose publiée dans la *Pravda* au temps de Leonid Brejnev. Selon ce texte : « L'ovation inédite faite au Secrétaire général des Nations unies lors de la présentation aux délégations du rapport du Groupe de personnalités de haut niveau sur les menaces, les défis et le changement, témoigne des espoirs que fonde la communauté internationale dans un "nouveau souffle" qui l'aiderait à se débarrasser collectivement des fléaux du VIH/Sida, des génocides et du terrorisme. »

La vraie réforme cependant reste à imaginer. C'est celle qui permettrait à l'Assemblée générale des États membres de l'ONU d'être représentative en accueillant en son sein ce qu'il est convenu d'appeler la « société civile ». Les représentants des peuples auraient au moins le mérite de la ramener aux réalités du monde tel qu'il est et de lui faire oublier ce monde étrange qui est le sien, vu à travers des discours, recommandations, rapports vidés de toute substance. Cette réforme donnerait tort, alors à Romain Gary qui, dans *L'Homme à la colombe*, un pamphlet sur l'ONU, fait dire à un Secrétaire général à propos du héros qui a trouvé refuge au siège de l'institution : « Vous pouvez être sûrs qu'une fois ici, entre ces murs [...] il va s'user, cesser d'intéresser, passer dans la routine de l'Organisation et disparaître peu à peu [...] Ensuite, nous n'aurons plus guère à nous en préoccuper : il deviendra très rapidement une abstraction... Après tout, c'est là une des raisons de notre succès : transformer les problèmes et les réalités en abstractions, les vider de tout contenu concret... » Certains États pensent qu'il ne faut toucher à rien pour ne pas ternir une telle réussite.

5

L'ONUE

En 1945, les rédacteurs de la Charte des Nations unies ont oublié la défense de l'environnement. Il ne faut pas s'en étonner. Dans les ruines de la Seconde Guerre mondiale, il y avait d'autres priorités que celle-là. L'époque était, en effet, à la reconstruction et à la relance économique.

Néanmoins, en proclamant leur « foi dans les droits fondamentaux de l'homme », en soulignant l'importance de « la dignité et valeur humaine », et en désirant « instaurer de meilleures conditions de vie dans une liberté plus grande », comme ils l'ont écrit dans le préambule du texte fondateur de l'ONU, il n'est pas impossible de croire que, pour eux, ce que nous appelons désormais l'écologie avait aussi son importance. Il est certain qu'une Charte des Nations unies rédigée aujourd'hui, non seulement la prendrait en compte, mais la définirait comme une priorité absolue.

Aujourd'hui, nous le savons, la situation a effectivement beaucoup changé. La préservation de la terre est jugée prioritaire. Tout homme d'État prétend mener un véritable combat en ce sens. Or, cela ne peut se faire qu'à l'échelle mondiale. Qui est la mieux placée, alors, pour fédérer les bonnes volontés et surtout les politiques de protection de notre planète sinon l'Organisation des Nations unies ? Las. Soixante ans après sa création, l'ONU n'a rien à proposer. Le jugement est sans doute sévère mais le PNUE (le Programme des Nations unies pour l'environnement), créé en 1972 après la Conférence de l'ONU sur l'environnement humain à Stockholm, n'est assurément pas à la hauteur de l'enjeu. Ce Programme siège à Nairobi, la capitale du Kenya. Il emploie 800 personnes. Son budget est de 59 millions de dollars. Une misère comparée aux besoins.

Théoriquement, le PNUE formule des recommandations sur les questions d'environnement. Il est en outre un observatoire à l'échelle mondiale. Il dispose par exemple d'un réseau de contrôle auquel participent cent quarante-deux États. Cette toile d'araignée lui permet d'ausculter la planète et d'en tirer des diagnostics qui n'ont rien de rassurant sans pouvoir soigner les maladies. Il attribue en revanche des fonds à des États qui ont besoin de son soutien pour développer des projets liés à la défense de l'environnement. Tout cela, il faut en convenir, est insuffisant face aux menaces qui ont pour nom réchauffement climatique, destruction de la couche d'ozone, déforestation, appauvrissement de la biodiversité, épuisement progressif des richesses minérales, pollution des océans et des côtes, augmentation du volume des déchets, désertification... Malgré tout, dans la plus grande discrétion, le PNUE a réalisé des actions concrètes et participé à la prise de conscience de l'importance du respect de l'environnement. Il a par exemple mené des recherches sur l'impact du tourisme sur la biodiversité ou sur la gestion des produits chimiques dangereux, et créé des normes permettant de noter les entreprises sur des critères environnementaux. Ce n'est pas rien mais ces actions ponctuelles ressemblent à une goutte d'eau dans un océan jonché de sacs en plastique !

Ce Programme est également chargé d'assurer le suivi des différents accords sur l'environnement signés ces dernières décennies. Une tâche herculéenne compte tenu de ses moyens. D'autant plus qu'au sein des Nations unies une dizaine d'agences traitent aussi, d'une manière ou d'une autre, des questions liées à l'environnement.

Cette fragmentation ajoute à son impuissance. Le PNUE est en effet chargé de coordonner l'application de plusieurs centaines de textes techniques signés par les États, sachant que certains de ces documents ont prévu la création de secrétariats dispersés à travers le monde. Parmi ces accords, il y a, par exemple, la Convention sur le commerce des espèces de faune et flore sauvages menacées d'extinction. Elle a été signée par cent quarante-six pays en 1973. Citons aussi la Convention sur le droit de la mer qui, en 1982, a recueilli la signature de cent quarante-cinq gouvernements. Figurent aussi la Convention de Rio sur la biodiversité et sur les changements climatiques signée à Rio dix ans plus tard par cent quatre-vingts nations. Ce texte a débouché sur le Protocole de Kyoto sur le gaz à effet de serre, signé en 1997 par cent quatre-vingts pays mais pas par les États-Unis et l'Australie.

Ces conventions signées à l'occasion de grand-messes onusiennes sont importantes. Chacune établit des objectifs et les moyens de les atteindre. Aux États signataires de tenir leurs promesses. La Convention de Paris sur la désertification par exemple, signée en 1994 par cent soixante-dix-huit États, prévoit que chaque pays concerné par ce fléau élabore un programme d'action nationale en y associant la population.

Ainsi les actions sont réelles mais elles se révèlent insuffisantes et fragmentaires.

Le PNUE n'a pas été conçu pour être une machine de guerre contre les pollutions qui mettent en jeu la survie de la terre. Il n'est qu'un programme spécialisé dont la légitimité vient de l'expertise de ses employés. Pas des États. Il n'a donc pas de poids politique au sein des Nations unies. Il ne peut publier que des recommandations sans avoir les moyens de les promouvoir. Les altermondialistes lui reprochent également de ne pas faire le poids face à des organisations comme l'OMC (l'Organisation mondiale du commerce) dont l'objectif premier n'est pas la défense de l'équilibre écologique de la planète mais la liberté des échanges. Or, cette institution a également tendance à assimiler les biens de la nature à de vulgaires marchandises. L'eau par exemple est-elle un produit comme un autre ?

Dans ces conditions, beaucoup, même au sein du PNUE, aimeraient voir apparaître une instance onusienne de poids pour défendre l'écologie. Tels les signataires d'un texte appelant à la création d'une Organisation des Nations unies de l'environnement car, rappellent-ils[1], à l'ONU, « l'environnement est en effet victime d'un oubli historique. Alors que la santé, le travail, la culture et l'éducation, l'alimentation ou même la propriété intellectuelle,

---

1. www.onue.org

possèdent chacun leur propre institution spécialisée ou financement propre, l'environnement n'est doté que d'un programme subsidiaire ». Il est vrai qu'une ONU réformée devrait désormais s'imposer et peser au plan politique dans la lutte contre la destruction de la planète. Après tout, celle-ci est en effet une menace non seulement pour la paix mais pour la survie de l'espèce humaine. Mais à New York qui vit depuis une décennie dans l'ère des économies, et sous l'influence américaine peu soucieuse de voir se développer l'ONU, l'heure n'est pas à la création d'un nouvel organe chargé de la défense de l'environnement. Un Conseil de sécurité de l'environnement ? L'idée fait sourire les diplomates et les responsables onusiens. « Vous croyez vraiment que les États les plus industrialisés qui siégeront dans ce Conseil – parce qu'évidemment ce sont eux qui y siégeront – voudront brider leurs usines pour les petites fleurs et le gazouillis des oiseaux ? » s'interroge un diplomate français. Ironique, il se demande même s'il ne faudrait pas, au contraire, y faire siéger les pays les plus pauvres et peu peuplés. Un haut fonctionnaire onusien en poste en Europe renchérit en imaginant des opérations de « casques verts » qui iraient préserver l'Amazonie ou la banquise.

Les idéalistes seront déçus mais la Realpolitik impose sa logique.

Un des États de l'ONU, qui plus est, membre permanent du Conseil de sécurité, propose une réforme. Cet État, c'est la France. Paris voudrait en effet créer une Organisation des Nations unies de l'environnement (ONUE). Cette organisation ne serait pas le prélude à une révolution mais une évolution notable vers une ONU moins inopérante en matière d'environnement. Tant il est vrai qu'il ne suffit pas d'organiser de grandes conférences internationales pour défendre la « planète bleue ». Reprenant une idée d'abord proposée par l'Allemagne, la « meilleure amie de l'ONU » parmi les puissants du Conseil de sécurité a donc, dès 2000, par la bouche de Lionel Jospin alors Premier ministre, proposé cette instance défendue aujourd'hui par Jacques Chirac. Dans l'esprit des responsables français, cette ONUE ne serait que la transformation du PNUE en une vraie agence onusienne dotée d'une assemblée de représentants d'États qui élirait un directeur et serait financée par les contributions obligatoires des membres. Composée d'experts, l'ONUE pourrait avoir un pouvoir d'interpellation des États et de l'opinion publique. Elle serait aussi chargée de faire la synthèse des 500 conventions sur l'environnement qui existent aujourd'hui afin de mieux les appliquer. Moins de textes permettraient en outre de gagner du temps et probablement de faire des économies. Dans une note de préparation de cette ONUE, le Quai d'Orsay relève, non sans une involontaire ironie, le temps nécessaire au suivi de ces accords dédiés à l'environnement. « Pour 2004, on peut estimer, lit-on, à au moins 190 jours le temps passé en réunions internationales sur un total de 235 jours ouvrés par an. N'est pas comptabilisé le temps passé en concertation régionale ou dans le cadre plus général des Nations unies. » Les spécialistes du ministère des Affaires étrangères publient en outre une liste de quelques bureaux créés par les accords multilatéraux en matière d'environnement comme celui consacré à la Diversité biologique à Montréal (72 personnes et un budget de 12 millions de dollars) ou au Climat à Bonn

(150 personnes et près de 17 millions de dollars). La création de l'ONUE impliquerait donc la rationalisation de la (micro) bureaucratie générée par le Programme.

Un PNUE plus puissant et plus politique rebaptisé ONUE, voilà qui est jugé fort insuffisant par les défenseurs de la nature et les altermondialistes. Et ce simple réajustement technique, à condition qu'il réussisse à entraîner une majorité en sa faveur au sein de l'Assemblée générale ou du Comité économique et social, mettra des années à voir le jour. Les écologistes souhaiteraient, eux, la création d'un organe politique qui définirait et mènerait vraiment une politique mondiale en faveur de l'environnement. L'association Agir pour le développement, par exemple, propose la création d'un Parlement mondial de l'environnement qui, sur le modèle de la plus ancienne institution onusienne, fille de la SDN, c'est-à-dire l'Organisation internationale du Travail, rassembleraient non seulement les représentants des États mais aussi des associations non gouvernementales et des chefs d'entreprise. Celui-ci se réunirait deux fois par an pour décider des priorités en matière d'environnement. Un bureau exécutif appliquerait ses décisions. Enfin, un tribunal mondial de l'environnement jugerait et sanctionnerait les États coupables d'atteintes à l'écosystème.

Ce projet est sans nul doute idéaliste. Il est hors d'atteinte à cause de l'opposition des gouvernements, au nom de leur souveraineté. En matière de lutte contre la pollution à l'échelle mondiale, l'ONU devra un jour se poser la question de l'ingérence, comme pour l'action humanitaire. Peut-elle s'immiscer dans les affaires d'un pays au nom de l'environnement ? Si les usines d'un pays X déversent de l'arsenic dans une rivière qui coule dans un pays voisin et menacent, ainsi, à la fois la population et l'environnement sans que le gouvernement de l'État en question réagisse, le Conseil de sécurité pourra-t-il considérer cette agression comme une menace à la paix ?

En attendant, la réforme de l'ONU en matière d'environnement pourrait déjà se manifester par l'ajout dans la Charte de la nécessité de protéger la planète.

Il faut se contenter aujourd'hui des propos de Kofi Annan. « Il est maintenant grand temps, écrit-il dans son rapport, de songer à une structure plus intégrée permettant d'établir des normes en matière d'environnement, de mener des débats scientifiques et de suivre l'application des traités. Cette structure devrait s'appuyer sur des institutions existantes [...] ainsi que sur les organes conventionnels et les institutions spécialisées. »

À défaut d'une vraie ONU de l'environnement, les Nations unies nous offrent pour le moment une exemplaire langue de bois...

6

Droits de l'homme

À Paris, le 10 décembre 1948, trois ans seulement après la création de l'Organisation des Nations unies, « considérant qu'il est essentiel que les droits de l'homme soient protégés par un régime de droit pour que l'homme ne soit pas contraint, en suprême recours, à la révolte contre la tyrannie et l'oppression », l'Assemblée générale approuva son texte sans doute le plus célèbre[1].

Aujourd'hui, ce document écrit en lettres d'or par Eleanor Roosevelt, l'épouse du président américain, et le Français René Cassin notamment, demeure plus que jamais une référence. Il s'agit de la Déclaration universelle des droits de l'homme que les dirigeants de la planète doivent en principe respecter « considérant que les États membres se sont engagés à assurer, en coopération avec l'Organisation des Nations unies, le respect universel et

---

1. Résolution 217 A (III).

effectif des droits de l'homme et des libertés fondamentales ».

Son premier article est connu dans le monde entier. Il dispose que « tous les êtres humains naissent libres et égaux en dignité et en droits. Ils sont doués de raison et de conscience et doivent agir les uns envers les autres dans un esprit de fraternité ».

Quelques extraits de cette déclaration doivent être reproduits ici :

Article 3 : « Tout individu a droit à la vie, à la liberté et à la sûreté de sa personne. »

Article 5 : « Nul ne sera soumis à la torture, ni à des peines ou traitements cruels, inhumains ou dégradants. »

Article 9 : « Nul ne peut être arbitrairement arrêté, détenu ou exilé. »

Article 19 : « Tout individu a droit à la liberté d'opinion et d'expression, ce qui implique le droit de ne pas être inquiété pour ses opinions et celui de chercher, de recevoir et de répandre, sans considérations de frontières, les informations et les idées par quelque moyen d'expression que ce soit. »

Enfin l'article 21, alinéa 3 : « La volonté du peuple est le fondement de l'autorité des pouvoirs publics ; cette volonté doit s'exprimer par des élections honnêtes qui doivent avoir lieu périodiquement, au suffrage universel légal et au vote secret ou suivant une procédure équivalente assurant la liberté du vote. »

Toute universelle qu'elle soit, cette déclaration n'a pas été traduite dans toutes les langues et dialectes à en juger par ce qui se passe dans certains pays.

Pour cette raison, désireux de promouvoir des idéaux mais avant tout prudents et réalistes, les délégués onusiens avaient créé, deux années avant de voter ce noble texte, une Commission des droits de l'homme chargée de veiller au respect de ceux-ci. Ils ont voulu que cet organe de surveillance soit composé des représentants de cinquante-trois États membres élus pour trois ans par le Conseil économique et social. Ces États devaient refléter la diversité géographique de la planète.

Cette Commission a une singularité : elle est ouverte aux organisations non gouvernementales. Chaque année, en mars et avril, elle tient sa session ordinaire. Un pays est choisi pour en assurer la présidence. Depuis 2003 celui-ci est élu par un vote à bulletin secret. Cette création onusienne se veut « le principal organe de l'ONU chargé de surveiller la situation des droits de l'homme dans le monde ». À chaque retour du printemps, les diplomates viennent à Genève où siège la Commission. Ils se succèdent à la tribune. Certains attaquent, d'autres se justifient le plus souvent. Des rapports sont publiés, des résolutions votées. Depuis 1970 des enquêteurs peuvent même être envoyés dans certains pays suspectés de maltraiter la population afin de vérifier des allégations de violations des droits de l'homme. Les représentants promettent de se revoir un an plus tard dans la quiétude du lac Léman et partent avec le sentiment du devoir accompli.

En 2005, comme les années précédentes, les cinquante-trois pays étaient répartis en cinq groupes régionaux : Afrique, Asie, Europe de l'Est, Amérique latine et Caraïbes, enfin Europe de l'Ouest et « autres États » c'est-à-dire les États-Unis, le Canada et l'Australie. Siégeaient donc à la Commission des droits de l'homme de l'ONU des démocraties parfaitement respectables. Y étaient élus également des pays comme la Chine, Cuba, l'Érythrée, le Pakistan, la Russie, l'Arabie Saoudite, le Soudan, le Togo ou le Zimbabwe[1].

Selon les organisations non gouvernementales comme Amnesty international ou Human rights watch, la moitié des pays membres de la Commission des droits de l'homme en 2005 en étaient des violateurs. Une situation d'autant plus révoltante que ces pays font en sorte, à la faveur d'alliances électorales forgées au sein de la Commission, de ne pas être condamnés ou de voter des motions dites de « non action » qui empêchent tout débat. Pour un État qui ne respecte pas les droits de l'homme, la meilleure façon de ne pas être importuné est d'appartenir à la Commission des droits de l'homme de l'ONU. Une situation pour le moins ubuesque, convenons-en.

Il va sans dire, d'autre part, que les condamnations des États varient selon leur intérêt géopolitique et les rapports de force. En 2005, la Corée du Nord et la Birmanie ont, à juste titre, fait l'objet de textes de condamnation de l'Union européenne mais pas la Russie. Comme chaque année, les violations de Fidel Castro ont fortement intéressé les États-Unis. Cette sollicitude a d'ailleurs exaspéré La Havane. Dans une « note verbale » datée du 14 mars

---

1. En avril 2005, le Zimbabwe a été (re) présenté par le groupe africain et réélu pour trois ans à la Commission. Réaction des Américains (réélus également) : « Une réforme est plus urgente que jamais. » Réponse du Zimbabwe : « Aucun pays n'est au-dessus de tout reproche en matière de droits de l'homme ».

2005, la mission permanente de Cuba à Genève a parlé « d'un traitement manipulé et sélectif du sujet, afin de justifier la recrudescence de la politique de blocus et d'agressions qui, en violant le droit international, exerce la majeure puissance de la planète contre un petit pays ». Les diplomates castristes ont en outre fait remarquer qu'au « sein de la Commission, durant les sessions de l'année passée, il n'a pas été possible d'évaluer, même pas de provoquer le débat sur les atroces violations des droits de l'homme dans les prisons étasuniennes de Abuh Ghraib et Guantanamo ». Ce n'est pas en 2005 que ce débat tant souhaité par le régime cubain a eu lieu puisque, comme l'indique un document de l'ONU : « le seul projet de texte à avoir été rejeté par vote au cours de la session est celui portant sur la question des personnes détenues dans la zone de la base navale des États-Unis à Guantanamo ». Il n'y a donc pas que les dictateurs qui ont des alliés à Genève...

En 2005, à la Commission des droits de l'homme, Washington n'a pas voulu en revanche dénoncer la Chine alors que, depuis la répression de la place Tienanmen en 1989, les États-Unis déposaient, chaque année ou presque, une résolution contre cette puissance, membre du Conseil de sécurité. De son côté le Soudan n'a rien eu à craindre malgré la situation au Darfour et une condamnation sans conséquence.

Ce n'est pas tout. Dans un communiqué daté du 4 février 2005, l'association Reporters sans Frontières a attiré l'attention sur une autre originalité de l'observatoire onusien : « La mascarade continue au sein des Nations unies. Trois pays parmi les plus répressifs au monde en matière de droits de l'homme vont décider quelles plaintes sont recevables et seront présentées à la Commission des droits de l'homme. » Allusion à la Chine, Cuba et au Zimbabwe qui, quelques jours plus tard, devaient siéger au sein d'une sous-commission chargée de recueillir les griefs émanant de gouvernements, d'associations ou même de particuliers, puis de décider des suites à leur donner. Comme si la victime d'une agression allait porter plainte dans un commissariat contrôlé par des malfrats...

Respectant en cela une tradition bien établie, la session 2005 de la Commission s'est terminée sans que les pays en cause dans la violation des droits de l'homme aient de soucis à se faire, malgré l'adoption de 106 textes dont 40 seulement ont fait l'objet d'un vote.

Dans les vingt-quatre pages du communiqué final des travaux de ce qui devrait être une institution de référence, Louise Arbour, le haut commissaire des droits de l'homme de l'ONU estime que « La capacité de la Commission à se saisir de la situation des droits de l'homme dans les pays a fait la preuve de sa déficience ». Elle ajoute que, selon elle, « on ne manquera pas de s'interroger sur le fait que seuls quatre pays sont épinglés pour leur situation en matière de droits de l'homme quand la Commission est chargée de la question de la violation de ces droits dans toutes les régions du monde ». Les quatre pays en question sont : la Corée du Nord pour laquelle la Commission « se déclare profondément préoccupée par les informations qui continuent de lui parvenir, faisant état de violations généralisées, massives et graves des droits de l'homme dans ce pays », le Belarus (ex-Biélorussie) à cause « d'informations persistantes faisant état d'arrestations et de détentions arbitraires », le Myanmar (Birmanie) pour lequel la Commission « appelle le gouvernement à mettre fin aux violations systématiques des droits de l'homme dans le pays », et le Népal avec une condamnation des « pratiques récurrentes des membres du Parti communiste, telles que les exécutions illégales ou le viol ». Et les autres ? Il y a bien quelques déclarations sur la Colombie mais rien à propos des pays les plus fréquemment dénoncés par les associations humanitaires : la Chine, l'Iran, la Russie, le Turkménistan, l'Ouzbékistan ou le Zimbabwe. Cuba ? Un rapport est demandé. Le Soudan ? Un mandat de rapporteur spécial sur la situation des droits de l'homme est créé. Autre particularité de la Commission : ses critiques annuelles formulées à l'encontre d'Israël. 2005 n'a pas fait exception avec, notamment, des textes de condamnation « sur les pratiques israéliennes affectant les droits de l'homme du peuple palestinien ».

Beaucoup plus convaincantes, moins risquées politiquement mais vaines car sans conséquences, les résolutions thématiques formulées par la Commission ont, elles, évoqué l'ensemble des violations des droits aujourd'hui, par exemple, la violence contre les femmes, les droits de l'enfant ou bien encore des personnes déplacées, c'est-à-dire les réfugiés à l'intérieur même des frontières de leur pays. Elles ont abordé des questions encore plus générales comme « la mondialisation et ses effets sur la pleine jouissance des droits de l'homme », « les droits de l'homme et l'extrême pauvreté » ou « la promotion de la jouissance effective des droits culturels pour tous et le respect des différentes identités culturelles ».

En 2005 la Commission a également voté des textes liés au terrorisme.

Dans l'un d'entre eux, elle « invite tous les États à ne pas saisir le prétexte de la lutte contre le terrorisme pour limiter les droits à la liberté d'opinion et d'expression d'une manière qui contrevienne à leurs obligations ». D'ailleurs Vladimir Poutine qui mène une guerre contre les Tchétchènes, sous couvert de cette lutte contre le terrorisme, n'a qu'à bien se tenir car l'ONU a nommé « un rapporteur spécial sur la promotion et la protection des droits de l'homme et des libertés fondamentales dans la lutte antiterroriste ».

Ce rapporteur ne sera pas seul car beaucoup d'enquêteurs ont été, depuis des lustres, désignés par la Commission de Genève qui a également constitué bon nombre de « groupes de travail », chargés de gâcher la vie des bourreaux. Pour ses soixante ans par exemple, l'ONU s'est offert un groupe chargé d'étudier la question de l'utilisation des mercenaires.

À la fin de leurs investigations, ces fins limiers publient des rapports. Ceux-ci s'entassent dans les archives. Malgré cet empilement, la Commission en redemande chaque année. En 2005, parmi beaucoup d'autres requêtes, elle a exigé « la réalisation d'un certain nombre d'études nouvelles, notamment sur le droit à la vérité et sur les activités dans le domaine de la justice de transition menées par les composantes droits de l'homme de l'ONU ». Elle a aussi demandé à « l'auteur de l'étude sur les droits et responsabilités de l'homme, d'élaborer une nouvelle version de l'avant-projet de déclaration sur les responsabilités sociales de l'homme »... Nous sommes ici au cœur de la bureaucratie onusienne, en charge des droits de l'homme, engluée dans une masse de rapports qui ne satisfont que ceux qui les rédigent.

Nous sommes aussi aux limites de l'absurde. Comme les autres, la session 2005 de la Commission a fait injure à la défense des droits de l'homme. Human rights watch a même estimé qu'elle était « la démonstration parfaite de la nécessité de la remplacer par quelque chose de mieux ». Plus jamais cela, a dit de son côté Louise Arbour, en regrettant l'absence de débats de fond dans cette enceinte.

Les propos de l'ancien procureur du Tribunal pénal international n'étaient pas innocents. En 2005, la session de Genève s'est déroulée dans une atmosphère particulière. Chaque délégué savait en effet que, dans son plan de réforme, Kofi Annan proposait la disparition de la Commission. Si certains d'entre eux avaient quelques doutes sur la détermination du Secrétaire général, ils n'en eurent plus le 7 avril. Ce jour-là, en effet, Kofi Annan est venu à Genève. Il a pris la parole devant les représentants des cinquante-trois pays. Devant les diplomates il a reconnu que « l'effritement de la crédibilité de la Commission a terni la réputation du système des Nations unies dans son ensemble ». Dans le domaine des droits de l'homme, « nous faisons preuve depuis trop longtemps, dit-il, de complaisance à l'égard de nos propres capacités mais le fossé entre ce que nous paraissons promettre et ce que nous donnons effectivement s'est agrandi ». Pourquoi avoir élaboré une magnifique déclaration des droits de l'homme et la laisser bafouer sans rien dire, sans rien faire.

Dans son rapport, Kofi Annan est tout aussi clair au sujet de cet organe onusien. Il y souligne « l'effritement de la baisse de son niveau de compétence professionnelle » et rappelle que « des États ont cherché à se faire élire à la

Commission non pas pour défendre les droits de l'homme mais pour se soustraire aux critiques, ou pour critiquer les autres ». Pour la remplacer, le Secrétaire général propose la création d'un Conseil des droits de l'homme dont les États membres, moins nombreux, siégeraient en permanence. Cette enceinte pourrait devenir un nouvel organe majeur de l'ONU comme le Conseil de sécurité. Ses membres seraient élus directement par l'Assemblée générale à la majorité des deux tiers des membres présents. Précision capitale : « Ceux qui seraient élus devraient respecter les normes les plus élevées relatives aux droits de l'homme. » L'idée est séduisante : réserver la défense des droits aux États qui les respectent, choisir les juges parmi les plus vertueux. Pourtant elle ne fait pas l'unanimité : elle a ainsi été rejetée en juin 2005 par la plupart des pays membres de la Commission. Un tel Conseil pourrait, selon les critiques, altérer l'universalité de l'Organisation en transformant certains États membres en parias. Or, cela n'est pas dans les habitudes de la maison ONU. « Exclure les récalcitrants ne rendrait service ni à ce pays ni aux Nations qui ne seraient alors plus unies », fait remarquer un diplomate français. Ce dernier souhaiterait plutôt que se mette en place une Commission dans laquelle siégeraient les cent quatre-vingt-onze États représentés à l'ONU et ainsi « noyer les mauvais dans les gentils ».

Les défenseurs des droits de l'homme se demandent d'autre part de quels pouvoirs disposera ce Conseil permanent des droits de l'homme. Pourra-t-il sanctionner un État violateur ? Alerter le Conseil de sécurité ? Pourra-t-il lui aussi, comme la Commission, nommer des enquêteurs appelés donc « rapporteurs spéciaux » ?

Certains juristes vont plus loin et proposent une autre formule. Ils considèrent que les droits de l'homme seraient mieux défendus par des experts indépendants. Étrange idée alors que ce sont les États qui font la loi aux Nations unies, pas les experts. Les juristes indépendants rédigent des rapports mais ce sont les États qui les prennent en compte. Cette Commission d'experts « aurait un mandat général de promotion, de protection et de développement du droit international dans ce domaine. Elle disposerait d'un certain nombre de pouvoirs à cet effet, et notamment un pouvoir général pour effectuer des enquêtes sur place, avec l'appui, le cas échéant, du Conseil de sécurité », écrit un spécialiste[1].

Quoi qu'il en soit, tous reconnaissent la nécessité de changer cette Commission qui discrédite toujours plus l'ONU. Sinon il demeurera préférable de lire les rapports des organisations non gouvernementales afin d'avoir un juste état des lieux des violations des droits de l'homme dans le monde. Quant à y mettre fin... Cette rénovation serait d'autant plus la bienvenue que le nouveau Conseil pourra travailler avec la nouvelle Cour pénale internationale.

L'acte de naissance de la CPI a été signé par cent trente-neuf pays (dont la France) en 1998 à Rome. Y compris par les États-Unis de Bill Clinton. Deux ans plus tard, George Bush est revenu sur cet engagement, estimant

---

1. Olivier de Frouville, *Le Monde*, 29 avril 2005.

que la Cour « portait atteinte à la souveraineté » de son pays.

La Cour pénale internationale peut juger les crimes de génocide, contre l'humanité, ou les crimes de guerre commis depuis le 1er juillet 2002, date de la création officielle de cette juridiction qui devrait marquer une avancée en matière de justice. Si, du moins, les intérêts politiques ne viennent pas entraver son travail...

En mars 2005, le Conseil de sécurité a adopté une résolution par 11 voix pour et 4 abstentions (États-Unis, Chine, Brésil, Algérie), qui permet d'y juger les auteurs des exactions au Darfour, cette région de l'ouest du Soudan. Une première. La défense des droits de l'homme marque quand même des points. Malgré la Commission.

7

« Le président du monde »

Le titre de ce chapitre est provocateur. Seule en effet une révolution et non une simple réforme pourrait transformer le Secrétaire général des Nations unies en un « président du monde ». Nous n'en sommes pas là.

La Charte dit que cet officiel est « le plus haut fonctionnaire de l'Organisation ». Il est nommé par l'Assemblée générale sur proposition du Conseil de sécurité. L'homme (depuis 1945 aucune femme n'a présidé l'ONU et il ne semble pas que cette mauvaise habitude soit en passe de changer) doit avoir le soutien des cinq États membres permanents. L'allégeance aux grandes puissances est donc, pour lui, obligatoire. Il est chargé de remplir les missions que lui demandent les différents organes de l'institution. Chaque année, il doit notamment présenter à l'Assemblée générale un « rapport annuel sur l'activité de l'Organisation ».

Le seul rôle politique que lui donne le texte fondateur de la Charte est indiqué dans l'article 99. Il peut en effet, comme tout État membre, « attirer l'attention du Conseil de sécurité sur toute affaire qui, à son avis, pourrait mettre en danger le maintien de la paix et de la sécurité internationales », et nommer des *missi dominici* de la paix ou des représentants personnels.

Ce fonctionnaire règne sur l'ONU mais ne gouverne pas. Il est davantage un Secrétaire qu'un général pour reprendre le mot de Madeleine Albright. Pourtant, au fil des décennies, le Secrétaire général de l'ONU a acquis de l'épaisseur. Homme de l'ombre, il est devenu un acteur de la diplomatie internationale, souvent dans la lumière des projecteurs aux côtés des puissants. Comme le note le service de communication du septième d'entre eux depuis soixante ans, Kofi Annan, il est « l'incarnation des idéaux des Nations unies et le porte-parole des peuples du monde, en particulier ceux qui sont pauvres et vulnérables ». « Il devrait être la conscience des Nations unies », selon Jean-Bernard Mérimée. Il est devenu en tout cas le « monsieur bons offices », celui qui, en dernier ressort, doit faire face aux causes désespérées. Selon un document de la maison, « l'un des rôles essentiels du Secrétaire général est de se prévaloir de son indépendance, de son impartialité et de son intégrité pour faire, publiquement et en privé, des démarches propres à empêcher l'apparition, l'aggravation ou l'extension des conflits internationaux ». Admirable : Javier Pérez de Cuellar a contribué à mettre fin au conflit entre l'Iran et l'Irak en 1988, Kofi Annan à repousser une attaque américaine contre l'Irak dix ans plus tard. À ce jour néanmoins, aucun Secrétaire général n'a réussi à dissuader un État de recourir à la guerre.

Le premier homme qui occupa cette fonction est tombé dans l'oubli. Il s'appellait Trygve Halvdan Lie. Ce Norvégien, plusieurs fois ministre dans son pays, devint Secrétaire général de la toute jeune ONU le 1er février 1946. Un honneur pour le président de la commission chargée de mettre au point le chapitre de la Charte consacré au Conseil de sécurité à la Conférence des Nations unies à San Francisco. Il eut un mandat de cinq ans renouvelable et renouvelé mais il démissionna avant d'achever le second. Il fut aussi le premier à constater l'impuissance de l'Organisation. Une Organisation qui donna à une coalition d'États l'autorisation de faire la guerre en Corée sous commandement des États-Unis. C'est lui qui en 1951 (déjà) se crut obligé de rappeler que l'ONU « a été inspirée par une conception mondiale beaucoup plus fondamentale et durable qu'une alliance éphémère de grandes puissances en temps de guerre ».

Un homme originaire lui aussi de la Scandinavie lui succéda, le Suédois Dag Hammarskjöld. Il fut nommé en 1953 et réélu à l'unanimité, cinq ans plus tard. Au début, cet intellectuel plut à la fois à Washington et Moscou. Il était profondément convaincu par la cause onusienne. Il eut à traiter la crise congolaise lorsque le Conseil de sécurité décida (la France, la Grande-Bretagne et la Chine nationaliste s'abstinrent) d'envoyer une force de Casques bleus au Congo (l'ex-Zaïre devenu la République démocratique du Congo) afin de contrer la tentative de sécession de sa province la plus riche, le Katanga[1]. L'intervention a fait beaucoup de victimes dans les troupes onusiennes, y compris son Secrétaire général. Dag Hammarskjöld est mort en effet, le 17 septembre 1961, au Congo dans l'accident de son avion qui devait le mener à une négociation avec des représentants de la province rebelle. Étrange affaire : aujourd'hui encore les circonstances de sa mort demeurent troubles malgré un rapport d'enquête de l'ONU. Ses rédacteurs concluent à un accident mais un journal italien affirma que l'appareil qui transportait le Secrétaire général avait été abattu par un autre aéronef. Depuis, plus rien. À quel État aurait profité cette mort brutale ? À l'ancien colonisateur la Belgique ? Aux Soviétiques qui avaient fini par le haïr ?

Ce fut au tour d'un Birman, U Thant, de s'installer dans le bureau du Secrétaire général de l'ONU. Avant d'occuper ce poste, il était le représentant de son pays auprès de l'Organisation. Il est resté dix ans à sa tête (1961-1971) avec une modestie qui l'honore mais n'honore pas l'ONU. Premier représentant de ce que l'on

---

[1]. Opposé à une opération contre le Katanga, dont le chef était proche de Moscou, Khrouchtchev critiqua Dag Hammarskjöld. Il demanda de transformer le poste de Secrétaire général en une troïka composée de représentants de trois catégories d'États : occidentaux, socialistes et neutres. C'est le 12 octobre 1960, lors de l'Assemblée générale, que Khrouchtchev, qui avait déposé un projet de texte demandant l'émancipation de tous les territoires dépendants des grandes puissances, frappa sur son pupitre avec l'une de ses chaussures quand il apprit que les États-Unis voulaient inclure dans ce texte, les pays de l'Europe de l'Est sous le joug de Moscou. Voir André Fontaine, *La Tache rouge*, Éditions de La Martinière, 2004.

appelait le tiers-monde, lui aussi a vite compris que l'expression « Nations unies » sonnait creux au cœur de la guerre froide. Où étaient-elles au Vietnam ? Au Proche-Orient par exemple ?

Quatrième Secrétaire général, l'Autrichien Kurt Waldheim prit ses fonctions le 1er janvier 1972. Cinq ans plus tard, sur recommandation unanime du Conseil de sécurité, il fut facilement réélu à ce poste. Les documents onusiens de l'époque témoignent des limites de la fonction, surtout à un moment où nul ne s'intéressait à l'ONU. On disait le Secrétaire général « en quête de solutions pacifiques aux problèmes internationaux », « à la recherche d'un règlement de la situation au Moyen-Orient ». Durant ces années une note biographique (et hagiographique) jugeait alors que le bon monsieur Waldheim « s'est inlassablement occupé des opérations de maintien de la paix à Chypre et des négociations visant à aboutir à un règlement juste et durable », tout en faisant preuve « d'une conscience aiguë des problèmes qui se posent au monde en développement ». On l'entendit dire également qu'il n'est pas « de stabilité possible dans une société où quelques-uns détiennent la richesse, tandis que la majorité vit dans la misère, sans espoir ». Le représentant de l'ONU « n'a en outre jamais cessé de se préoccuper des activités humanitaires et des secours liés aux conséquences de la guerre dans la péninsule indochinoise » et de tout donner dans son métier, « sans nul doute, l'un des plus passionnants qui soient, mais aussi l'un des plus décourageants ». Toutes ces phrases pourraient être prononcées aujourd'hui. Les époques changent mais les discours onusiens restent. Seraient-ils interchangeables malgré l'épreuve du temps ? Les générations de Secrétaires généraux passent. Les problèmes qui assaillent le monde demeurent néanmoins insolubles. Irrésolus en tout cas. Que reste-t-il des propos de Kurt Waldheim ? Rien. Une telle constatation n'est guère réjouissante. En revanche, depuis son passage à l'ONU flotte toujours le remugle du scandale. Le Congrès juif mondial a révélé que le diplomate fut officier de l'armée hitlérienne pendant la Seconde Guerre mondiale. Pis, selon les Américains, il aurait contribué à la déportation de Juifs et ordonné des exécutions de prisonniers. Comment un tel personnage, qui nie être un criminel de guerre, a-t-il pu arriver à la tête de l'ONU ? C'est une énigme. À ajouter à celle que pose la mort de Dag Hammarjsköld. Pourtant, dès 1948, la Commission des crimes de guerre... des Nations unies avait étudié les agissements de cet homme qui a été le président de l'Autriche en 1986. Comme les grandes capitales se moquaient de l'ONU, aucun pays n'a songé à s'intéresser vraiment, semble-t-il, à cet étrange Kurt Waldheim, indésirable aux États-Unis, qui percevait toujours en 1994 une confortable retraite de 94 000 dollars versée par les Nations unies et donc par les États membres.

Puis les chancelleries virent arriver Javier Pérez de Cuellar. Durant son second mandat, ce diplomate péruvien, auteur d'un manuel de droit diplomatique, eut le privilège d'assister au réveil de l'Organisation. Sous son règne, l'ONU supervisa le retrait soviétique d'Afghanistan et mit fin à la sanglante guerre entre l'Irak et l'Iran. Javier Pérez de Cuellar restera surtout comme le Secrétaire général au temps de la guerre du Golfe. Il vit les États-Unis redécouvrir l'ONU et former une coalition après l'invasion du Koweït par l'armée de Saddam Hussein en août 1990 tandis que le Conseil de sécurité votait résolution sur résolution pour exiger le départ du dictateur irakien. Jusqu'au bout de l'ultimatum fixé au 15 janvier 1991, il implora Saddam Hussein de retirer ses troupes du pays pétrolier, en vain.

En revanche, son successeur, l'ancien ministre des Affaires étrangères de l'Égypte, l'universitaire Boutros Boutros-Ghali fit beaucoup parler de lui. Dès son arrivée à New York, le 1ᵉʳ janvier 1992, les fonctionnaires comprirent que cet homme recommandé à l'unanimité par le Conseil de sécurité, ce diplomate chevronné, le premier «patron» originaire du continent africain, parlerait «réforme». Le nouveau Secrétaire général insista sur la nécessité d'améliorer le recrutement à l'ONU et de réduire sa bureaucratie. Il rédigea un *Agenda pour la paix* dans lequel il préconisait la diplomatie préventive, la création d'un service de renseignement des Nations unies et un renforcement des Casques bleus. Puis il publia un *Agenda pour le développement* et un *Agenda pour la démocratisation*. Mais, avec les années, son action de réforme se dilua dans les méandres de la maison. Il fit face également à l'opposition des États membres, notamment des États-Unis qui s'opposèrent à un second mandat. Dans ses Mémoires[1], Boutros Boutros-Ghali écrit: «Nul n'ignore que le candidat des États-Unis est le Ghanéen Kofi Annan, qui a appartenu pendant des années au service du personnel et au service du budget de l'organisation. En 1993, alors qu'il était sous-secrétaire général,

---

1. *Mes années à la maison de verre*, Fayard, 1999.

je l'ai promu secrétaire général ajoint chargé des opérations de maintien de la paix [...] Annan savait parfaitement qu'on le considérait comme le candidat choisi par Washington pour me remplacer, car il était venu me dire qu'il ne serait jamais candidat au poste de secrétaire général. »

« L'homme de Washington » devint en effet le septième Secrétaire général de l'ONU, le 1er janvier 1997. Il a été réélu pour un second mandat jusqu'à la fin de 2006. Prix Nobel de la Paix en 2001[1], l'apparatchik onusien formé dans les universités des États-Unis est, de tous les Secrétaires généraux, le plus proche des Américains. Il parle, pense en anglais et ne jure que par les médias d'outre Atlantique. Grâce à ces derniers, de *CBS* au *New York Times*, il peut donner de ses nouvelles à la rétive Amérique et à ses gouvernements si mal disposés à l'égard de « son » Organisation. Prudent, Kofi Annan a néanmoins essayé de se démarquer de Washington. En vain. Les Américains l'ont constamment mis sous pression, surtout après la crise diplomatique au Conseil de sécurité à propos de l'Irak. George Bush et les néoconservateurs ne lui ont pas pardonné d'avoir jugé leur guerre illégale.

---

1. Il faut rappeler que le jury du prix Nobel a récompensé plusieurs fois l'ONU et ses agences. Le Haut Commissariat pour les réfugiés a été lauréat en 1954 et 1981, le Fonds des Nations unies pour l'enfance, en 1965, l'Organisation internationale du travail en 1969. Le prix a également été décerné aux opérations de maintien de la paix en 1988 et, à titre posthume, à l'ancien Secrétaire général Dag Hammarskjöld.

« LE PRÉSIDENT DU MONDE »

C'est le drame des Secrétaires généraux[1]. Ils sont tributaires des États membres, notamment ceux qui siègent comme membres permanents au Conseil de sécurité. Ils dépendent surtout, aujourd'hui, du bon vouloir des États-Unis. Boutros Boutros-Ghali en sait quelque chose. En diplomate avisé, habitué des arcanes onusiens, Kofi Annan a sans doute retenu la leçon : surtout ne pas déplaire à Washington. Plus précisément, surtout ne pas déplaire à la puissance dominante : les États-Unis aujourd'hui et la Chine demain.

Une anecdote, décembre 2004, est d'ailleurs la parfaite illustration de cette vérité. Alors que New York savourait les délices des fêtes de fin d'année, Kofi Annan est allé, le pas lourd, au domicile de l'ancien ambassadeur américain à l'ONU, Richard Holbrooke. Il y a rencontré ce diplomate et d'autres experts américains. Chacun d'entre eux n'a pas été avare de conseils pour que le fonctionnaire international améliore ses relations avec les États-Unis au moment où éclate le scandale du programme « Pétrole contre nourriture[2] ». Coïncidence ou pas, dans les semaines qui ont suivi, Kofi Annan a remanié son cabinet.

---

1. Parmi eux, trois sont donc d'origine européenne, deux d'Afrique, un de l'Amérique latine et un de l'Asie. De quel continent viendra le successeur de Kofi Annan ? De l'Amérique du Nord avec Bill Clinton comme le prétendait la rumeur début 2005 ? Plus vraisemblablement, le prochain Secrétaire général devrait être un Asiatique.

2. Ce programme, en vigueur de 1996 à 2003, permettait à Saddam Hussein de vendre du pétrole sous le contrôle de l'ONU et d'acheter avec le vente de celui-ci des biens de consommation pour la population. Ce programme a représenté une transaction d'environ 64 milliards de dollars. Le dictateur irakien a, en outre, vendu du pétrole clandestinement pour ses propres besoins.

Son directeur, le Pakistanais Iqbal Riza, a été remplacé par le Britannique, Mark Malloch Brown, dont le profil et le parcours d'administrateur du Programme des Nations unies pour le développement (PNUD) était plus conforme à ce qu'attendaient les États-Unis. À peine nommé, le numéro trois de la maison – après Kofi Annan et la Secrétaire générale adjointe, la Canadienne Louise Fréchette – s'est rendu à Washington afin de rencontrer des élus du Congrès. Quelques jours plus tôt, des parlementaires américains avaient demandé la démission de Kofi Annan à cause du programme « Pétrole contre nourriture[1] » et de son inaction supposée au Darfour. Cette attaque obligea le porte-parole du Secrétaire général (en partance lui aussi) à réagir : « Le rôle politique du Secrétaire général, dit-il, a évolué mais il reste que les Etats membres, en l'occurrence ceux du Conseil de sécurité, sont souverains. »

Quand on lui demande aujourd'hui quel est le pouvoir d'un Secrétaire général, Boutros Boutros-Ghali répond tout de go : « Cela dépend de son caractère. » Il poursuit : « Si c'est une personne faible, alors il se soumet à la superpuissance ». Le propos, sévère pour son prédécesseur, ne suffit pas à masquer l'isolement de celui qui

---

1. Dans un rapport intermédiaire, la commission d'enquête indépendante créée par l'ONU a blanchi le Secrétaire général de tout soupçon de fraude, de corruption ou de trafic d'influence mais elle s'est interrogée sur le rôle de son fils qui a travaillé pour une entreprise qui a décroché un marché dans le cadre de ce programme. Cependant, pour certains responsables américains, Kofi Annan ne peut se prévaloir d'être blanchi dans ce rapport. Après sa rédaction, deux membres de la commission ont démissionné estimant, semble-t-il, que ses conclusions étaient trop favorables au Secrétaire général.

occupe cette fonction. Certes, le Secrétaire général peut tenir tête aux puissants. Mais combien de temps ? Le diplomate égyptien avait du caractère, cela lui a coûté un second mandat. Le chef de l'administration onusienne ne doit pas gêner les puissants. Dans le concert des nations, sa place est au-dessus de la mêlée. Il doit être la voix de la bonne conscience. «C'est un homme seul qui doit être capable de réfléchir», dit un ambassadeur. Dans ses discours, car sa seule arme est la parole, il doit en rester aux généralités consensuelles : lutte contre la pauvreté, défense des droits de l'homme, protection de l'environnement. Pendant ce temps, les gouvernements se soucient de leurs raisons d'État et de leurs intérêts stratégiques. Il est en quelque sorte un pape laïc mais, souligne ironiquement, Boutros Boutros-Ghali, «encore faut-il qu'il y ait des croyants parmi les États membres».

Alors que peut-on changer ? Faut-il renforcer les attributions du Secrétaire général ? Quelques-uns estiment qu'il doit être élu directement par l'Assemblée générale, sans recommandation du Conseil de sécurité. Ils imaginent un représentant qui aurait une plus grande marge de manœuvre politique, pouvant par exemple opposer un veto à des résolutions du Conseil qu'il jugerait peu conformes à l'idéal onusien. Nul n'y croit à l'ONU, encore moins dans les capitales du monde. L'homme restera aux ordres. Et la fonction néanmoins fascinera toujours. «Le travail les rend fou», remarque Alain Dejammet, ancien représentant de la France aux Nations unies. «Ils veulent tous s'accrocher au poste et faire des concessions», dit-il, même si, estime Alain Juppé : «On ne peut pas durer très longtemps dans cette fonction.»

FIN DE PARTIE À L'ONU

Selon le diplomate, un mandat unique changerait beaucoup de choses. Ce mandat d'une durée de six ou sept ans lui donnerait une plus grande indépendance. Ainsi ne craindrait-il pas de heurter les puissances qui veulent faire de l'ONU une chambre d'enregistrement de leurs volontés. « À peine élu, un Secrétaire général tente de plaire aux pays qui n'ont pas voté pour lui, ensuite il agit pendant deux, trois ans et après il commence à faire campagne pour être réélu », remarque Alain Dejammet.

Pour le moment, le Secrétaire général est le grand oublié des projets de réforme. Nul ne s'y intéresse.

Le « président du monde » n'est pas encore né.

8

Politique fiction

Nous sommes dans un pays imaginaire : l'Afrasie.
À Baïda, la capitale du pays, le général Bénéré vient de prendre le pouvoir à la faveur d'un coup d'État sanglant. Ancien chef de la garde présidentielle du président déchu et assassiné, il appartient à l'ethnie des Borimos, minoritaires dans son pays depuis des décennies. Son programme se résume en un objectif : prendre sa revanche, car lui-même appartient aux Borimos, et « réduire à néant », pour reprendre ses termes, l'ethnie rivale des Zossous. Sa première mesure est symbolique. Il a placé des proches à la tête de l'armée et ordonné le « contrôle » des Zossous, une population d'environ cinq millions de personnes.
En quelques heures, les Zossous sont arrêtés et, selon les informations recueillies par une poignée de journalistes sur place, quelques milliers d'entre eux ont déjà été tués dans leurs villages ou dans les champs.

Deux jours après son accession au pouvoir, le général Bénéré décide le regroupement des Zossous dans des camps d'internement alors que les massacres prennent de l'ampleur. À plusieurs reprises, il déclare vouloir « remettre à leur place les ennemis du pays ». À ce moment-là, les premières images de télévision sont diffusées en boucles dans le monde entier : les colonnes de Zossous le long des chemins au cœur de la jungle, les images de charniers en divers endroits de cette nation, considérée comme une des dix plus pauvres du monde, commencent à émouvoir les téléspectateurs.

Sous la pression de l'opinion publique internationale, les gouvernements occidentaux se manifestent. Le Conseil de sécurité de l'ONU se réunit à New York. Les diplomates prennent place autour de la table en fer à cheval, élargie depuis que les représentants de vingt-quatre pays membres y siègent.

Le représentant de la France, qui préside le Conseil ce mois-là, lit une déclaration. Ses confrères américain, russe, britannique et chinois, l'écoutent avec attention, tout comme les ambassadeurs des nouveaux pays, admis au Conseil depuis la réforme de l'ONU, c'est-à-dire l'Allemagne, le Japon, l'Inde, le Brésil, l'Afrique du Sud et le Sénégal. Un tour de table est demandé. Chaque chef de délégation exprime son indignation face à la situation en Afrasie. L'un d'eux cite Kofi Annan, un ancien Secrétaire général, qui dans son rapport « Une liberté plus grande » a écrit : « Les villageois apeurés qui courent aux abris, au bruit des attaques aériennes menées sur ordre de leur gouvernement ou lorsque apparaissent au loin des milices meurtrières, ne trouvent aucun réconfort dans le texte resté lettre morte des Conventions de Genève, sans parler des promesses solennelles de la communauté internationale, jurant « plus jamais ça » à propos des horreurs commises au Rwanda ».

En quelques heures, la résolution 4008 est votée. Elle condamne le coup d'État du général et demande à la fois l'arrêt des massacres et la libération des Zossous emprisonnés. Avec ce texte adopté à l'unanimité, les représentants des vingt-quatre membres du Conseil de sécurité savent qu'ils ne sont pas allés assez loin mais au moins ont-ils marqué leur condamnation vis-à-vis du nouveau régime. Certains d'entre eux souhaitent en rester là. D'autres, au contraire, estiment indispensable, « sauf à tomber dans le déshonneur », d'intervenir par la force. Face aux caméras plantées à l'entrée du Conseil, les diplomates, questionnés sans relâche par les reporters, savent que les peuples attendent d'eux une réaction humanitaire mais leurs gouvernements sont beaucoup plus réticents. Dans la salle de consultation privée, à l'ombre de cette agitation médiatique, les discussions sont âpres. Une intervention armée dans un pays comme l'Afrasie s'annonce coûteuse et risquée. Un ambassadeur fait référence au Biafra et à ce qui s'est passé en 1994 au Rwanda. Il met en avant « l'obligation morale d'intervenir » en réponse à un ambassadeur peu désireux, lui, « d'entraîner son pays dans une affaire qui ne le concerne pas ». Un autre diplomate rappelle que le texte de Kofi Annan, qui fait référence désormais au sein de l'Organisation, prévoit le principe de l'intervention. Devant les délégations des États membres, il en lit un extrait, d'une voix forte, débarrassée de toute neutralité. Celui qui indique qu'il faut « adopter le principe de la responsabilité de protéger comme fondement de l'action collective face aux génocides, nettoyages ethniques et crimes contre l'humanité, et décider d'assumer concrètement cette responsabilité, en affirmant qu'elle incombe au premier chef à l'État intéressé, qui a le devoir de protéger sa population, mais que si les autorités de cet État n'ont pas la volonté ou la capacité de protéger les citoyens du pays, elle devient celle de la communauté internationale, qui doit recourir à des moyens diplomatiques, humanitaires ou autres pour aider à protéger la population civile, et que si ces moyens semblent insuffisants », le Conseil de sécurité peut utiliser la force comme le prévoit notamment le chapitre VII de la Charte.

Mais les discussions sur l'hypothèse d'une intervention militaire ne durent pas longtemps.

En effet, dans leur salle de consultation, les représentants des vingt-quatre apprennent qu'à Baïda, non seulement le général Bénéré rejette la résolution de condamnation mais somme aussi l'ONU de ne pas s'ingérer dans ses affaires. Il rejette l'idée d'une médiation et parle de « raison d'État » pour justifier le traitement qu'il inflige aux Zossous.

Dès lors, le ton change au Conseil. Les diplomates décident de se séparer un instant, le temps de prendre leurs instructions dans leurs différentes capitales. Ils se retrouvent en fin d'après-midi à New York. À leur retour, les ambassadeurs savent qu'il n'y a plus d'alternative. Le général putschiste veut poursuivre sa politique d'élimination des Zossous. Selon les indications de soldats d'un des États membres, les massacres se produiraient désormais à grande échelle.

Trois heures plus tard, le Conseil de sécurité vote unanimement la résolution 4009 qui autorise l'ONU à *utiliser « tous les moyens nécessaires » pour protéger les Zossous.*

Au même instant, le Secrétaire général demande au département des opérations de maintien de la paix, d'envoyer sur place des contingents, mis à disposition par les États membres à commencer par les vingt-quatre États du Conseil. En quelques heures, tout s'organise selon une procédure huilée. Les Casques bleus sont vraiment, désormais, des soldats de la paix. Fini le temps, où nul ne les prenait au sérieux à cause de leur incompétence, leur sous-équipement, leur incapacité à faire face aux réalités sur place. La plupart des États membres ont mis à disposition de l'organisation soit des troupes, soit du matériel. Toute opération peut être lancée à tout moment. C'est le cas en Afrasie. Les vingt-quatre États membres du Conseil de sécurité notamment participent à cette mission.

En trois jours, des troupes sont héliportées. La presse relate les conditions de la libération des camps d'internement des Zossous. Dans certaines régions, les combats sont rudes et les pertes nombreuses. Il faudra une semaine à la Force des Nations unies en Afrasie pour se déployer dans l'ensemble du pays, libérer les camps et stabiliser le pays après l'exil du général Béréré et la chute de son éphémère mais sanglant régime.

Scénario idéal en cas de génocide ou d'épuration ethnique ? Assurément.

Malheureusement, nous n'en sommes pas encore là. L'Organisation des Nations unies a toujours comme fondement le paragraphe 7 de l'article 2 de la Charte qui n'autorise pas l'ONU « à intervenir dans les affaires qui relèvent essentiellement de la compétence nationale d'un

État ». Combien de massacres l'ONU a-t-elle ignorés au nom de cette règle !

Cependant les choses évoluent à New York. Pour preuve, ce texte de réforme proposé par Kofi Annan, et nous l'avons vu, cette notion d'ingérence en faveur de populations en danger qui y figure en bonne place. Une notion qui, ne fait pas l'unanimité parmi les États membres. Certains d'entre eux, « qui ne sont pas que des démocraties bienveillantes à l'égard des droits de l'homme », note un ancien haut fonctionnaire de l'Organisation, ne veulent pas en entendre parler. Comme le souligne un document d'information des Nations unies, quelques États « mettent en garde contre les risques que ce concept pourrait faire peser sur les principes de souveraineté, d'intégrité territoriale, et de non-ingérence contenus dans la Charte ». De fait, les pays les plus défavorisés craignent l'ingérence des plus riches. Le Nord aurait tendance à donner des leçons au Sud, disent-ils. L'ingérence, dans ce cas, sera-t-elle celle du plus fort sur les plus faibles ? Il est donc probable que cette notion ne soit pas inscrite tout de suite dans les textes onusiens même si elle continue à faire son chemin.

D'autres spécialistes estiment que le Conseil de sécurité devrait s'engager à ne pas faire usage du veto lors de l'examen de situations de génocide. C'est l'avis notamment de Hubert Védrine : « La Charte serait réformée pour permettre que souveraineté nationale et veto puissent être suspendus pendant un temps limité, si cela était nécessaire pour porter assistance à une population en danger imminent même contre le gré de son gouvernement »[1]. L'ancien

---
1. Hubert Védrine, Henri Nallet, *Le Monde*, 6 janvier 2005.

ministre imagine que cette assistance serait déclenchée après une déclaration solennelle d'un certain nombre de personnalités comme des prix Nobel de la paix par exemple. Le professeur Charles Zorgbibe propose, quant à lui, la mise en place auprès du Conseil de sécurité, «d'une instance indépendante d'évaluation des situations humanitaires»[1].

Pas besoin de réforme pour créer l'ingérence, répondent d'autres diplomates. Selon eux, il suffit de se fonder sur le droit international actuel et de considérer une crise intérieure comme un danger suffisamment grave pour menacer la sécurité sociale. Et ceux-là de mentionner l'intervention humanitaire dans le Kurdistan, en 1991, juste après la guerre du Golfe. Ou la lutte des Nations unies contre l'Apartheid. Dommage néanmoins que l'ONU se soit bandé les yeux au temps des Khmers rouges au Cambodge. Ne s'agissait-il pas là d'un génocide ?

Il serait faux d'imaginer que l'ingérence s'arrête à une intervention militaire. Passé l'urgence, les pays meurtris, souvent livrés à eux-mêmes, ont toujours besoin d'aide quand la paix revient. Or, comme l'écrit Kofi Annan, «aucun élément du système des Nations unies n'est véritablement en mesure d'aider les pays à réussir la transition de la guerre à une paix durable». Pour atteindre cet objectif, il propose de créer «une Commission intergouvernementale de consolidation de la paix» qui pourrait dépendre du Conseil de sécurité.

---

1. *L'Avenir de la sécurité internationale*, Presses de Sciences-Po, 2003.

Pour comprendre, retournons en Afrasie.

Après le départ des soldats de l'ONU, les massacres ont pris fin. Tandis qu'une aide alimentaire d'urgence est acheminée dans le pays, un nouveau président provisoire a été nommé. Il est au pouvoir pour un an, le temps de préparer des élections en tenant compte de la composition ethnique du pays. Les Nations unies envoient sur place des spécialistes en matière électorale. Il s'agit de recréer des partis politiques crédibles avec des leaders incontestables, en tenant compte des souhaits de la population. Au bout de quelques mois, la population reprend confiance. Les agences de l'ONU sont sur place. Le Programme alimentaire mondial est à l'œuvre. Comme l'UNICEF, le Programme des Nations unies pour l'enfance ainsi que le Programme de l'ONU pour l'agriculture qui travaille avec les paysans. Des puits sont creusés. Des outils distribués.

Pendant ce temps-là, la Commission étudie un plan de relance de l'économie du pays avec les principaux bailleurs de fonds. La Banque Mondiale notamment. À New York, les diplomates du Conseil de sécurité suivent la reconstruction. Dans une résolution, ils ont dressé un véritable programme de redressement de l'Afrasie. Quelques États membres ont accepté d'y participer, essentiellement des pays nordiques dont l'altruisme et l'esprit pacifique ne sont plus à démontrer au sein de l'Organisation.

Un peu plus d'un an après les massacres du général Bénéré, l'Afrasie vote. Le parti démocrate des Afrasiens est majoritaire à l'Assemblée qui élit le président N'Soumba à la tête du pays. Douze mois plus tard, le

POLITIQUE FICTION

Conseil de sécurité qui s'est félicité de la création par l'Afrasie d'une nouvelle armée, déclare que la mission de la Commission de consolidation de la paix est terminée. Le personnel de l'ONU quitte alors le pays.

Ce scénario d'après crise n'est pas moins idyllique que le précédent. Il permet néanmoins d'imaginer le rôle de cette Commission. Celle-ci aurait le mérite d'accompagner un pays dans sa reconstruction. Une mission que les diplomates du Conseil de sécurité, sollicités quotidiennement, ne peuvent remplir. Elle pourrait aussi prendre en charge un pays avant que celui-ci ne sombre dans le chaos.

Pourtant, ici aussi, la prudence est de mise. Quels seront les États qui aideront un pays à se reconstruire? Tous ou bien ceux qui y trouveront leur intérêt? Sous quelle forme? Qui financera cette reconstruction? L'ensemble des États membres ou quelques États volontaires? Et avec quelles arrière-pensées? S'agira-t-il d'une diplomatie préventive pour éviter qu'un pays ravagé par un conflit ne rechute des années plus tard ou de néo-colonialisme? En effet, disent-ils, les pays concernés seront les plus pauvres. Les États les plus puissants viendront certes les aider mais ce faisant, ils s'immisceront dans leurs affaires et les façonneront en fonction de l'idée qu'ils se font de la « bonne gouvernance ».

9

Paix et guerre

La résolution 4009 donnait « tous les moyens nécessaires » aux Casques bleus pour accomplir leur mission en Afrasie. L'objectif était clair : libérer les prisonniers zossous, prendre le contrôle de la capitale, « neutraliser » le pouvoir en place et rétablir le calme. Les soldats avaient tous l'autorisation de tirer. Ils le firent.

Dès le vote du texte, le département des opérations de maintien de la paix à New York avait activé le plan « ONU1 » celui qui permettait de réagir, dans une situation d'urgence, à une crise internationale d'envergure. Celle qui touchait l'Afrasie était jugée d'autant plus importante qu'elle se révélait la première depuis la mise en place, une décennie auparavant, de la grande réforme des soldats de paix. Il avait fallu en effet dix ans aux États membres pour reconnaître que l'Organisation devait avoir une véritable force armée et traduire cette reconnaissance dans les faits.

Tout ou presque était fondé sur une proposition de Kofi Annan formulée en mars 2005. L'ancien Secrétaire général avait tenté, alors, de convaincre les États membres de « constituer des réserves de matériel stratégique pour les missions de maintien de la paix des Nations unies » et il leur avait demandé de *« veiller à ce que les sanctions imposées par le Conseil de sécurité soient effectivement appliquées ».*

À partir de cette époque, l'ONU avait réussi, peu à peu, à se constituer, non une armée, mais une force organisée afin de faire face à des crises d'importance. Au grand étonnement des principaux dignitaires des Nations unies, les États membres avaient presque fini par respecter la Charte qui, dans son article 45, dispose que les gouvernements « maintiendront des contingents nationaux de forces aériennes immédiatement utilisables en vue de l'exécution combinée d'une action coercitive internationale ». En revanche, nul parmi eux n'avait l'intention de créer le Comité d'état-major, chargé, selon l'article 47, « de conseiller et d'assister le Conseil de sécurité pour tout ce qui concerne les moyens d'ordre militaire, nécessaires au Conseil pour maintenir la paix et la sécurité internationales, l'emploi et le commandement des forces mises à sa disposition ». Cette cellule de commandement onusien est, selon la Charte, « responsable de la direction stratégique de toutes forces armées mises à la disposition du Conseil ». Or, aucune armée des États membres de l'ONU ne voulait se laisser diriger par l'Organisation. Le Département des opérations de maintien de la paix, créé des années auparavant à New York, fut alors renforcé. Des officiers supérieurs des États contributeurs en troupes et en matériel, en constituaient le noyau dur.

En Afrasie, l'alerte fut donnée une heure après le vote de la résolution. Quatorze pays répondirent à l'appel selon un protocole maintes fois revu et corrigé. La « force I » de l'ONU, formée de cinq mille soldats professionnels qui avaient eu l'occasion de s'entraîner ensemble lors de différentes manœuvres sur tous les continents, fut mise en état d'alerte. Les unités qui la composaient décollèrent des bases de chacun de leurs pays puis, avec l'autorisation des gouvernements concernés, elles prirent position à la frontière de l'Afrasie avant d'intervenir. Le plan « ONU1 » prévoyait une action éclair. Grâce à un appui aérien, l'action des soldats fut conforme aux prévisions.

Une Organisation des Nations unies, clairement décidée à être la gardienne de la paix, devrait pourvoir organiser ce type de mission. Nous en sommes loin cependant car les États membres se sont toujours méfiés des opérations de maintien de la paix onusiennes. Cette méfiance ne les a pourtant pas empêchés d'en créer beaucoup depuis la fin de la guerre froide. Beaucoup trop, compte tenu de l'incapacité logistique de l'entreprise publique internationale.

Aujourd'hui, les objectifs des hiérarques de l'ONU, en particulier ceux qui sont chargés de résolution en résolution, un peu comme Sisyphe, de mettre des soldats entre les lignes des textes du Conseil de sécurité, apparaissent beaucoup plus modestes et conformes à la culture maison empreinte de minimalisme. En février 2005, Jean-Marie Guéhenno, le Secrétaire général, chargé des opérations de maintien de la paix, tenta de faire rêver les délégués :

« Imaginons, dit-il, que nous puissions déployer, en soixante-douze heures, vingt spécialistes hautement qualifiés de police civile, des spécialistes qui auraient été formés ensemble, auraient travaillé ensemble, et pourraient planifier et lancer un mandat de police civile. » Après cette perspective idyllique, il les pria de ne pas créer de nouvelles missions. L'ONU n'avait pas, en effet, les moyens de se déployer : cruel décalage entre ses espoirs (pourtant modestes) et les moyens de l'Organisation.

Fin février 2005, l'ONU dirigeait dix-sept opérations dans le monde dont sept en Afrique. Ce dispositif employait près de quatre-vingt mille personnes dont soixante-six mille neuf cent dix-nuit soldats et son budget de 4,5 milliards, consacré aux opérations de maintien de paix, représente à peine 1 % des dépenses militaires mondiales. La plus importante d'entre elles était la MONUC, la Mission de l'Organisation des Nations unies en République démocratique du Congo, créée en 1999 pour aider ce géant aux riches ressources à retrouver la paix. Plus de seize mille soldats et des centaines d'employés civils en étaient les acteurs. Il y avait aussi une mission au Kosovo (MINUK), à Haïti et en Géorgie notamment. Le coût total de ces missions était de 3,87 milliards de dollars. Au même moment, selon l'ONU, les « contributions non acquittées au titre du maintien de la paix », autrement dit la dette des États membres dans ce programme, représentaient 2,26 milliards de dollars.

Il faut aussi souligner une particularité qui ne plaide pas en faveur des États membres. Ce sont les riches et les puissants (les cinq permanents notamment) qui décident de lancer une opération de Casques bleus mais ce sont les ressortissants des pays pauvres qui fournissent les bataillons. Ils le font moyennant une rémunération de 1 000 dollars par soldat et par mois. La présentation est à peine caricaturale. Les chiffres parlent d'eux-mêmes.

Fin 2004, quels étaient les dix principaux pays contributeurs en soldats et en policiers ?

1/ Pakistan	8 140
2/ Bangladesh	8 024
3/ Inde	3 912
4/ Népal	3 451
5/ Éthiopie	3 432
6/ Ghana	3 222
7/ Jordanie	2 950
8/ Nigeria	2 890
9/ Uruguay	2 492
10/ Afrique du Sud	2 331

Par comparaison, il n'est pas inutile de relever le nombre de militaires et de policiers mis à disposition des Nations unies par les cinq membres permanents ainsi que leur classement dans la liste des cent deux pays contributeurs à la même époque :

17/ Chine	1 036
21/ France	607
23/ Royaume-Uni	542
28/ Etats-Unis	429
32/ Russie	361

Incontestablement, le maintien de la paix et, *a fortiori*, son instauration constituent un défi pour l'ONU. Les soldats aux casques peints aux couleurs de l'Organisation, d'où leur surnom de Casques bleus ou même de Schtroumpfs, ont reçu le prix Nobel de la Paix en 1988. Ils sont les représentants emblématiques des Nations unies. Nous les avons beaucoup vus depuis le début des années 1990 mais rarement à leur avantage. Il faut dire aussi que le Conseil de sécurité leur a confié des missions de plus en plus complexes pour lesquelles ils n'étaient absolument pas préparés.

Avant la chute du mur de Berlin, et la fin de l'antagonisme Est-Ouest, ces « soldats de la paix » s'interposaient généralement entre deux belligérants en attendant que la paix revienne, à l'exception notable de l'opération des Nations unies au Congo. Dans certaines régions, la paix n'est jamais vraiment revenue et les militaires de l'ONU sont devenus des sentinelles, figées au cœur de situations politiques inextricables. Aujourd'hui, les Nations unies entretiennent encore des missions héritées d'une époque révolue. La première d'entre elles est encore en place ! Elle a été établie en 1948 (résolution 50) afin de surveiller le cessez-le-feu en Palestine après le plan de partage décidé un an plus tôt par l'Assemblée générale de l'Organisation et les attaques des Arabes palestiniens contre le nouvel État d'Israël. Des générations de Casques bleus se sont succédé. Ils ont observé les différentes guerres dans la région. En 2002, ils étaient encore cent cinquante-cinq, originaires d'une vingtaine de pays dont la France.

Zone sensible du globe, le Proche-Orient est une terre où d'autres missions onusiennes se sont implantées depuis des lustres. La Force des Nations unies (FNUOD), chargée d'observer le désengagement des troupes syriennes et israéliennes après la guerre du Kippour, s'est installée en 1974. On trouve également la Force intérimaire des

Nations unies au Liban (FINUL) créée en 1978 après l'invasion israélienne dans le sud du pays.

D'autres latitudes accueillent aussi les missions « historiques » de l'Organisation.

Depuis 1949, l'ONU maintient en effet une mission d'observation à la frontière entre l'Inde et le Pakistan (deux pays indépendants en 1947). Son rôle : surveiller le cessez-le-feu dans l'État de Jammu-et-Cachemire. Les Nations unies (*via* le Conseil de sécurité) entretiennent aussi, depuis 1974, une mission d'observation à Chypre, cette île méditerranéenne divisée en deux secteurs grecs et turcs. L'ONU s'y est implantée en 1964 afin d'apaiser les tensions entre le nouvel État indépendant (1960) et la Turquie. Cette présence a été renforcée en 1974.

Outre ces forces d'interposition dont l'ancienneté est notable, les États membres de l'ONU ont voulu, dès la fin de la guerre froide, créer des missions beaucoup plus ambitieuses. Ils se sont bien gardés néanmoins de donner à l'Organisation les moyens d'atteindre pleinement ses desseins pacificateurs. Parfois dans la précipitation, le Conseil de sécurité a créée des forces de Casques bleus aux mandats inédits et aléatoires. Ainsi, en 1994, les Nations unies ont, non seulement, surveillé le cessez-le-feu au Salvador mais elles ont aussi supervisé une élection, modernisé le système judiciaire de ce pays, formé une nouvelle police et réformé l'armée. Les onusiens appellent cela la consolidation de la paix.

Déjà, en 1989 et 1990, l'Organisation avait accompagné la Namibie vers l'indépendance. Le Groupe d'assistance des Nations unies pour la période de transition (GANUPT) avait, entre autres, démantelé les installations militaires, abrogé les lois d'Apartheid, libéré les prisonniers politiques, rapatrié quarante mille réfugiés et favorisé la création de partis politiques. Elle avait en outre supervisé le scrutin qui a conduit le pays à la souveraineté du pays devenu membre de l'Organisation le 23 avril 1990.

Pour les diplomates, il ne pouvait plus être question de demander aux « petits hommes bleus » d'être simplement des huissiers, postés sur une ligne de cessez-le-feu (*peacekeping*) mais de s'interposer, voire de « construire » la paix (*peacebuilding*) ou de l'imposer (*peace enforcement*). Ce sont des nuances importantes qui montrent l'évolution des missions.

Arrêtons-nous un instant sur deux interventions marquantes dans l'histoire de l'Organisation. Il s'agit des missions au Cambodge et en Somalie.

En mai 1993, plus de quatre millions de Cambodgiens votèrent lors d'élections générales. Ce scrutin fut le point d'orgue de l'opération « la plus vaste et la plus ambitieuse jamais organisée par l'ONU », selon son Secrétaire général Boutros Boutros-Ghali. L'Organisation achevait ainsi sa véritable prise en charge du pays. Celle-ci a duré deux ans durant lesquels les Nations unies furent chargées de rétablir la paix, de rapatrier les réfugiés et d'organiser le pouvoir à Phnom Penh pendant la période transitoire. Pour cela, l'Autorité provisoire des Nations unies au Cambodge (APRONUC) disposait de plus de douze mille soldats mais aussi de centaines de spécialistes du génie, de la logistique, des transmissions, près de quatre mille policiers, des experts en matière d'administration civile auxquels il faut ajouter des médecins et la présence de deux mille observateurs chargés pendant quatre mois d'enregistrer les électeurs, d'organiser les élections et d'en surveiller le bon fonctionnement. Durant plusieurs mois, l'ONU a véritablement pris en charge ce pays. Coût total : un peu plus d'un milliard et demi de dollars. Même si l'APRONUC a bouleversé l'économie locale, en augmentant le coût de la vie, il n'en reste pas moins vrai que l'ONU a aidé le Cambodge. Ne serait-ce qu'en créant, bien tardivement néanmoins, un tribunal chargé de juger les affidés du sinistre Pol Pot.

À l'opposé de cette réussite, il y a le cauchemar somalien. Ce fut d'abord, en 1992, l'opération *Restore Hope* organisée par les Américains après le vote, à l'unanimité, par le Conseil de sécurité, de la résolution 794 qui autorisait les États membres à « employer tous les moyens nécessaires pour instaurer aussitôt que possible les conditions de sécurité, pour les opérations en Somalie ». Six mois plus tard, après avoir tenté de nourrir les Somaliens, victimes de la famine, une partie des soldats américains regagna la mère patrie. L'ONU lança alors une deuxième opération baptisée ONUSOM II afin de remettre le pays sur pied, après avoir fait face à l'urgence.

Erreur fatale. Le 5 juin 1993 en effet, tout bascula. Vingt-trois casques bleus pakistanais furent tués dans la capitale somalienne. Le coupable de ce massacre était un chef de clan, en lutte avec d'autres « seigneurs de la guerre ». L'ONU, au cœur d'un pays sans État, se retrouva alors prise au piège d'une guerre civile. Le 12 juin, des avions et des hélicoptères attaquèrent les positions du chef de clan responsable du massacre. Ils le firent en toute légalité puisque le Conseil venait d'autoriser l'emploi de la force. Après l'ONU pacifique, naissait l'ONU redresseuse de torts. C'était la première fois en effet qu'une force de Casques bleus obtenait un *blanc-seing* pour se faire respecter par la force dans un conflit, à l'intérieur des frontières d'un pays. La chasse à l'homme était donc ouverte. Une prime fut même offerte pour retrouver le chef de guerre en question, Mohamed Farah Aïdid. Ainsi l'ONU quitta sa neutralité supposée et choisit son camp. Les raids contre Aïdid se multiplièrent. Comme le nota alors un membre d'une organisation humanitaire : « Venues pour imposer l'ordre des nations civilisées, les Nations unies se transforment en un gang couleur locale, réglant ses comptes *manu militari*. »

Le Conseil de sécurité, unanime, finit par lever le mandat d'arrêt lancé contre Aïdid. Le 4 février 1994, en votant la résolution 987, il recentra la mission onusienne sur l'action humanitaire. Quelques semaines plus tard, une commission d'enquête formée à la demande du Conseil critiqua sévèrement les dysfonctionnements de la mission en mettant en cause la qualité de son personnel. Outre la violence de cette mission, et son échec politique cinglant, l'action de l'ONU en Somalie fut marquée, quatre mois après la fin tragique des Casques bleus pakistanais, par la mort de dix-huit soldats américains au cours d'affrontements entre les forces de l'ONU et celles du général Aïdid. Un traumatisme pour l'Amérique déjà si réticente à placer ses soldats, même sous commandement américain, au service des Nations unies. En mai 1994, le président Bill Clinton signa la directive présidentielle 25 qui limite à l'extrême la participation des États-Unis aux forces de Casques bleus. Désormais, pour que Washington accepte de suivre l'ONU, il lui faut un mandat clair pour ses soldats en mission, l'assurance d'obtenir rapidement un cessez-le-feu, la définition d'une sortie de crise, un calendrier d'action précis et un coût soigneusement étudié. Autant de conditions qui n'existaient pas jusqu'alors...

Et puis il y a le Rwanda, un génocide sous les yeux des Nations unies.

Quelque huit cent mille personnes ont été massacrées entre avril et juillet 1994 dans ce pays de la région des Grands Lacs, en Afrique. Le Rwanda est, de loin, le plus grave échec de l'ONU. La cause principale en est l'absence de volonté politique du Conseil de sécurité. Elle s'est traduite dans les hésitations coupables au sujet de la définition du mandat de la force des Nations unies qui se trouvait sur place, et le manque de moyens de celle-ci. Pourtant, « après presque une décennie à revivre les moindres détails de ces journées, je suis toujours persuadé que si l'on m'en avait donné les moyens, j'aurais pu arrêter la folie qui avait cours au Rwanda », écrit le général Roméo Dallaire qui assura le commandement de la force de l'ONU dans ce pays[1]. Qu'a fait l'ONU ? Tout en sous-estimant les tensions et les violations des droits que connaissait ce pays, elle a créé la MINUAR (Mission des Nations unies pour l'assistance au Rwanda). Personne n'avait imaginé que le processus de paix prévu par les accords d'Arusha pouvait être stoppé net. Il le fut le 6 avril quand l'avion qui transportait le président rwandais

---

1. *J'ai serré la main du diable, la faillite de l'humanité au Rwanda*, Éditions Libre expression, 2003.

Habyarimana et son homologue burundais s'écrasa près de l'aéroport de Kigali. Dès lors, le mandat donné à la MINUAR était peu adapté à la situation. Pour le Conseil de sécurité, elle devait être une force classique de maintien de la paix sans pouvoir coercitif. Quand les massacres ont commencé, la MINUAR a vite été confrontée aux limites de ce mandat : son équipement laissait à désirer, elle ne disposait pas de réserves de nourriture, de carburant, de munitions puisqu'elle avait été conçue pour travailler dans le calme. Elle fut dans l'incapacité de s'opposer aux milices hutus. Elle ne l'a pas voulu non plus. En fait la MINUAR fut désemparée, impuissante quand commencèrent les tueries. Elle demanda des instructions claires et elle n'en reçut pas. Dès lors, certains contingents, choisissant d'oublier qu'ils appartenaient à une mission de l'ONU, finirent par prendre leurs ordres dans leur pays d'origine. Certains pays demandèrent le retrait pur et simple de la MINUAR alors même que les massacres faisaient rage...

Un rapport d'enquête de l'ONU[1] rédigé en 1999 par une commission indépendante a souligné la responsabilité écrasante des États membres. Il a dénoncé leur égoïsme et leur non-assistance à peuple en danger de mort. Ce reproche ne peut pas être adressé à la France, initiatrice de « l'opération Turquoise » même si ses finalités et son efficacité sont discutées. Elle a eu au moins le mérite de sauver des vies alors que les Nations unies tergiversaient. Irrités, les rédacteurs du rapport notent néanmoins que « la mobilisation soudaine de milliers d'hommes, alors que le Département des opérations de maintien de la paix

---

1. Rapport S/1999/1257.

s'efforçait depuis plus d'un mois d'obtenir des troupes [...] a montré à quel point la volonté politique d'engager du personnel au Rwanda était inégale ». Le rapport estime que si l'ONU « n'a pas pu empêcher et arrêter le génocide, la responsabilité en incombe au Secrétaire général, au Secrétariat, au Conseil de sécurité, à la MINUAR et aux États membres de l'Organisation ».

Et que dire de l'ONU dans l'ex-Yougoslavie ? Qu'elle a failli là aussi. Les Nations unies furent toujours à la traîne de ce conflit né au moment où la Croatie et la Slovénie proclamèrent leur indépendance en 1991. On se souvient du bombardement de Dubrovnik et de la chute de Vukovar. Quelques mois plus tard, la Bosnie devint le cœur du conflit. Elle proclama son indépendance en novembre 1991 malgré l'opposition de la Serbie qui déclencha alors la guerre malgré la présence, peu dissuasive, de la Force de protection des Nations unies (FORPRONU). Le monde découvrit alors la « purification ethnique » pratiquée par les Serbes. Cependant, résolu à ne pas intervenir sur le déroulement de la guerre mais seulement sur ses conséquences sur la population, le Conseil de sécurité de l'ONU a brisé le rêve de quelques âmes qui avaient eu la naïveté de croire au « nouvel ordre mondial » tant vanté après la guerre du Golfe.

Les diplomates ont pourtant voté plus de cinquante résolutions sur l'ex-Yougoslavie. Certaines d'entre elles ont donné un fondement juridique à des opérations armées qui n'ont jamais eu lieu, faute de volonté politique. Les délégués, quant à eux, ont envoyé des Casques bleus dans cette partie de l'Europe sans leur donner de mandat clair.

Attaquer ou non ? Droit de riposter ou non ? Jean Cot, qui fut le commandant de la mission des Nations unies, se demanda publiquement à quoi servaient les soldats de l'ONU dans l'ex-Yougoslavie, si ce n'est à se faire tuer. Rien qu'en 1993, dix-huit Casques bleus français sont morts et deux cents ont été blessés.

S'ils souhaitent réformer l'ONU et faire en sorte que les Opérations de maintien de la paix de l'Organisation ne suscitent plus une ironie amère, les États doivent méditer une note interne de l'Organisation[1] rédigée à la fin de ce conflit. Ce document explique pourquoi, selon l'ONU, les Casques bleus ont été conduits en Bosnie et en Somalie « à adopter une attitude jugée partiale ou à recourir à la force en dehors des cas de légitime défense ». « Il s'agissait, lit-on dans cette note, de servir de bouclier aux opérations humanitaires alors que les combats se poursuivaient, de protéger les populations civiles se trouvant dans des zones de sécurité et de contraindre les parties à réaliser la réconciliation nationale plus rapidement qu'elles n'y étaient disposées. Les mandats existants, qui exigeaient l'assentiment des parties, l'impartialité et l'exclusion du recours à la force, ont été complétés par des avenants qui impliquaient l'emploi de la force. Il s'est toutefois avéré impossible de concilier des mandats très différents qui, de plus, ne pouvaient être exécutés sans un renforcement considérable des moyens militaires. »

« Il faut désormais rédiger des résolutions plus précises », dit Alain Juppé. Il faut aussi donner aux Casques bleus les moyens – juridiques, financiers, militaires – de

---

1. Directives générales concernant les Opérations de Maintien de la paix, octobre 1995.

les appliquer. Sarajevo devint un symbole. Srebrenica le fut aussi. Cette cité était une zone dite de sécurité lorsqu'en juillet 1995, des soldats serbes y entrèrent par la force et y perpétrèrent le plus important massacre commis depuis la Seconde Guerre mondiale en Europe. Entre sept mille et dix mille personnes furent abattues. Que fit l'ONU pendant ce temps-là ? Rien. Comme au Rwanda. Un bataillon de cent cinquante Casques bleus néerlandais, stationné pourtant dans cette ville, n'a pas bougé. Pour se défendre, le commandant du bataillon invoqua l'infériorité numérique. Il expliqua avoir réclamé, à plusieurs reprises, un appui aérien de l'OTAN comme l'y autorisaient les résolutions. Ces demandes ne furent pas retenues par sa hiérarchie.

La guerre dans l'ex-Yougoslavie a pris fin avec les accords conclus à Dayton aux États-Unis, en 1995. Sans l'ONU.

Comme l'écrit une spécialiste des Casques bleus[1], la FORPRONU « symbolise un humanitaire utilisé parallèlement ou en substitution à une action politique, une ambivalence caractéristique de l'action de la "communauté internationale" au cours de la décennie 1990, oscillant entre des réponses humanitaires caractérisées par du court terme et une prétention à reconfigurer des ordres politiques internes ». L'échec criminel des Nations unies au Rwanda, dans l'ex-Yougoslavie et en Somalie est encore dans tous les esprits à New York, comme dans celui des responsables des États membres les plus puissants qui, après la

---

1. Béatrice Pouligny, *Ils nous avaient promis la paix*, Presses de Sciences Po, 2004.

floraison de missions démesurées au cours des années 1990, sont revenus à plus de modestie. Aujourd'hui ils rechignent, quand ils ne s'y opposent pas, à participer aux missions des Casques bleus.

Que pourrait changer la réforme de l'ONU en ce qui concerne les Casques bleus ?

Peut-être faudrait-il revenir à la Charte en donnant vie au Comité d'État-major qui pourrait, sous l'autorité du Conseil de sécurité, conduire les opérations des soldats de l'ONU mis, *en permanence* et *pas de façon virtuelle,* à la disposition de l'Organisation par *tous* les États, notamment les plus puissants, en particulier les cinq membres permanents du « directoire de la paix ». Ce scénario est peu probable. Les armées nationales, symboles de la souveraineté, refusent d'être commandées par les Nations unies. Il se révèle même illusoire car Kofi Annan préconise de rayer de la Charte ce comité.

Une chose est frappante en tout cas. Le Secrétaire général ne propose rien au sujet des opérations de maintien de la paix. Cette frilosité étonne. Pourquoi vouloir faire évoluer le Conseil de sécurité si son bras armé n'est pas plus musclé ? Au cœur de la réforme onusienne, priorité devrait, par exemple, être donnée à la valeur morale des « soldats de la paix ». Sur ce plan, le soixantenaire de l'organisation a été entaché par le comportement de certains d'entre eux, une minorité qui nuit gravement, et depuis de longues années, à l'image que veut donner l'ONU. Alors, les Nations unies ont mené l'enquête en République démocratique du Congo, comme elles avaient en 2003 enquêté en Afrique de l'Ouest.

En janvier 2005, les limiers de l'institution ont publié un rapport[1] sur le comportement de certains militaires marocains, pakistanais, népalais, tunisiens et sud-africains ainsi que sur celui d'un civil français traduit en justice dans l'Hexagone. Tous sont accusés d'avoir eu des relations sexuelles avec des mineures. Certains sont aussi accusés de viols dans la région de Bunia, dans l'est de la RDC. Les enquêteurs de l'ONU, qui ont eu, semble-t-il, des difficultés à cause du manque de coopération de certains contingents, ont rencontré les victimes, des fillettes de onze et quatorze ans. « La plupart des intéressées ont eu des rapports sexuels avec les Casques bleus pour obtenir de la nourriture et, parfois, un peu d'argent », lit-on. Ces rapports étaient très fréquents. Ils sont d'autant plus odieux que les coupables profitaient de leurs positions au cœur d'une population privée de tout. « Il s'agissait d'enfants pauvres des villages dont la vie avait été bouleversée par la guerre civile et qui n'avaient rencontré que peu d'étrangers. La plupart étaient analphabètes, seul un très petit nombre étant censément scolarisé. » Le caractère sordide de ces affaires figure dans les textes onusiens. Une fille de quatorze ans se prostituait pour 1 ou 2 dollars ou deux œufs. Une autre avait des rapports sexuels pour 3 dollars et une boîte de lait. La liste est longue de ces enfants, qui ont vendu leurs corps pour une poignée de dollars et du pain. Comme le souligne, avec une froideur toute administrative, un document onusien : « En ayant des

---

[1]. Enquête du bureau des services de contrôle interne sur les allégations d'exploitation et de violences sexuelles à la Mission de l'Organisation des Nations unies en République démocratique du Congo. A/59/661.

contacts sexuels avec des femmes et des enfants, les Casques bleus ont donc commis, non seulement un acte interdit, mais aussi gravement manqué à leur responsabilité de protéger les membres les plus vulnérables de la société congolaise. »

Pourtant, l'ONU distribue à ses soldats des manuels de bonne conduite où l'on peut lire par exemple : « Nous, soldats de la paix, nous nous attacherons à traiter les habitants du pays hôte avec respect, courtoisie et considération. » D'autre part, le quatrième point du document onusien à destination des Casques bleus intitulé « Dix règles » dit ceci : « Ne commets pas d'actes répréhensibles en maltraitant ou en exploitant sexuellement, physiquement ou psychologiquement des autochtones ou des membres du personnel de l'ONU, en particulier des femmes et des enfants ». Apparemment, ces documents ne suffisent pas. Encore faut-il envoyer dans les pays touchés par la guerre et la misère, des soldats, disciplinés, correctement formés et encadrés par des officiers compétents. Cela dépend des États, pas de l'ONU, tout comme les suites judiciaires données aux actes que nous venons d'évoquer.

« Les femmes et les hommes qui se mettent au service de la bannière bleue le font dans des conditions difficiles et souvent dangereuses. L'histoire du maintien de la paix est celle d'une grande œuvre collective et de sacrifices personnels. Toutefois ce tableau exemplaire a été terni par le comportement scandaleux de quelques individus », écrit Kofi Annan dans une lettre adressée le 24 mars 2005 à l'Assemblée générale. Dans l'immuable tradition de la maison, il a ensuite publié un rapport qui rappelle que « Les pays fournisseurs de contingents sont responsables du comportement et de la discipline de leurs troupes ».

Dans ce texte, il préconise néanmoins un certain nombre de mesures que l'ONU doit prendre afin de limiter ou, mieux, de faire disparaître ces dépravations.

Tant que l'ONU n'aura pas une force armée capable d'appliquer les résolutions claires du Conseil de sécurité[1], elle n'aura aucune crédibilité. Or, s'il y a urgence pour les onusiens, il n'y en a pas pour les États membres. Alors que faire puisqu'elle n'a pas d'armée permanente ? Continuer à parer au plus pressé.

En 2000, un « groupe d'étude indépendant » conduit par Lakhdar Brahimi, ancien ministre algérien des Affaires étrangères, plusieurs fois représentant de l'ONU, en Haïti et en Afghanistan notamment, a pourtant proposé des pistes de réforme. Ne serait-il pas temps de les étudier ?

Si les États voulaient d'une ONU efficace, il faudrait qu'ils lui donnent les moyens de se doter d'une force d'action rapide, capable de se déployer en trente jours, d'où la nécessité pour elle d'avoir une réserve permanente de soldats et de matériel. Malheureusement, rappelle le groupe, « de nombreux États membres se sont prononcés contre la création d'une armée ou d'une force de police permanentes de l'ONU, ont refusé de conclure des accords pour la constitution de forces et moyens en attente fiables, ont mis en garde contre les engagements de dépenses nécessaires à la constitution d'une réserve de matériel ». Il est vrai qu'après la Somalie, le Rwanda, la Sierra Leone (où des Casques bleus ont été pris en otages) les Etats ne sont pas pressés de s'engager aux côtés de l'ONU. Surtout

---

[1]. Les Directives générales concernant les Opérations de maintien de la paix soulignent « qu'il importe que les objectifs soient raisonnables et clairement exprimés ».

si cela ne met pas en cause leurs intérêts. D'après ce groupe d'étude, les soldats envoyés en mission devraient être triés sur le volet et commandés par « des chefs efficaces et dynamiques ». L'ONU devrait en outre privilégier les troupes professionnelles et refuser les soldats dépenaillés. « Il est arrivé que des pays fournissent des troupes sans fusils, ou équipées de fusils mais dépourvues de casques, ou munies de casques mais sans gilet pare-balles, et sans moyens propres de transport », remarquent les experts. Un ancien fonctionnaire de l'Organisation va même plus loin. « J'ai vu des soldats qui n'étaient pas équipés du tout, je me demande même si on pouvait les appeler des soldats, ils n'avaient aucune formation militaire ou presque, c'était de la main-d'œuvre louée à l'ONU. » Difficile alors de respecter la Charte et de faire la paix en son nom.

L'avenir du maintien de la paix onusien repose aussi sans aucun doute sur la coopération avec des organisations dites régionales. Ces dernières pourront être les exécuteurs des décisions de l'ONU. En Afrique, par exemple, l'idée fait son chemin. L'ONU est en discussion avec l'Union africaine pour que chacune des sous-régions du continent mette, d'ici 2010, une brigade « en attente » (environ cinq mille hommes) capables d'intervenir sous commandement africain. L'Union européenne appuie ce projet. L'ONU aurait-elle décidé de décentraliser son action, au risque d'altérer le caractère universel de sa mission de maintien de la paix ?

Les Nations, toutes unies, pour aider d'autres nations. Il est vrai que ce principe onusien relève du mythe.

Alors pour faire face aux réalités, l'ONU ne va-t-elle pas finir par solliciter des sociétés privées afin de faire régner son ordre ? Si étonnante qu'elle paraisse cette idée n'est pas incongrue. Y aura-t-il un jour des mercenaires aux Casques bleus ? Comme l'ONU est incapable de déployer une armée digne de ce nom, faute d'une franche coopération de ses États membres, alors une réforme de l'institution n'aurait-elle pas intérêt à lui permettre de recruter ses propres soldats ? Sa légion en quelque sorte. Une légion de la paix. Ou n'aurait-elle pas intérêt à recourir, sans état d'âme, à des officines spécialisées à qui elles confieraient ses missions armées ? Tabou, le sujet n'en n'est pas moins évoqué, de temps à autre, à New York sur le ton de la plaisanterie, un verre à la main, dans le cadre suranné du Salon des délégués. « C'est impensable, c'est une blague, estime cependant un ancien ambassadeur français à l'ONU, jamais les États n'accepteront une telle chose. » Pourtant, à l'époque de la sous-traitance, la perspective d'une armée propre à l'ONU réveille quelque ardeur dans l'univers onusien.

10

Le SAMU du monde ?

Bien des années après le retour au calme en Afrasie, alors que les militaires onusiens s'en étaient allés depuis longtemps et que la Commission de la consolidation de la paix avait réussi à redresser le pays qui profitait d'un peu de quiétude, pour la première fois de son histoire, le pays fut touché par un terrible tremblement de terre.
 Celui-ci se passa dans la nuit. Il fut enregistré par tous les sismographes du monde.
 La première secousse se produisit à 2 h 28, heure locale. Le fonctionnaire de garde au centre d'intervention humanitaire de l'ONU à Genève reçut l'information sur un de ses ordinateurs. Un discret signal sonore l'alerta immédiatement. Des secousses sismiques, il y en avait tous les jours sur la planète mais l'homme, un scientifique d'expérience, comprit que quelque chose de grave s'était passé d'autant que l'épicentre du séisme semblait localisé dans une zone à risque.

En réalisant qu'il venait sans doute de durement toucher une grande partie de l'Afrasie, il se demanda s'il n'existait pas des pays maudits mais il n'eut pas le temps de poursuivre sa méditation car, dans les secondes qui suivirent, l'ordinateur indiqua que d'autres secousses de forte amplitude venaient de se produire. L'homme fut alors convaincu qu'une catastrophe majeure avait eu lieu. Suivant en cela une procédure bien établie, il n'hésita pas à déclencher l'alerte d'urgence numéro un. La plus sérieuse. Puis il téléphona à la personne qui était de permanence au cabinet du Secrétaire général de l'Organisation, car la soirée avait commencé à New York.

L'AUN 1 dans le jargon du centre d'intervention humanitaire de l'ONU provoqua une série de réactions. Toutes les agences spécialisées de l'Organisation se mirent en branle, notamment l'Organisation mondiale de la Santé et le Programme alimentaire mondial. Chacune d'entre elles alerta son personnel de garde qui, en quelques heures, serait prêt à intervenir en Afrasie. Cette alerte mobilisa surtout la base aérienne et logistique où le centre d'intervention des Nations unies disposait en permanence d'avions prêts à partir avec, à leur bord, des médecins, des infirmières et des caisses entières de médicaments destinés aux soins de première urgence.

À Genève, le Secrétaire général adjoint chargé de l'action humanitaire fut réveillé. En à peine une heure, il fut dans son bureau. Lui seul pouvait lancer un appel à l'aide internationale. Tout était prévu, là aussi, dans un plan baptisé joliment « Colombe de la paix ». Il fut activé permettant la mobilisation de trente-six pays qui avaient décidé, des années auparavant, de mettre à la disposition des Nations unies des équipes spécialisées dans l'aide au victimes.

 Le Haut fonctionnaire de l'ONU s'adressa en particulier aux États inscrits dans le registre « Aide aux victimes des séismes ». Parmi eux, il y avait la France qui fit appel sans délai à une centaine de pompiers spécialistes des recherches dans les décombres.

 À New York, le Secrétaire général informa le président du Conseil de sécurité. Celui-ci contacta les délégués des vingt-trois autres pays représentés dans cet organe depuis son élargissement. Tous donnèrent leur accord à une intervention humanitaire d'urgence en Afrasie si, toutefois, le pays le demandait. Son président supplia, lors d'une conversation téléphonique, le « patron » de l'ONU, de leur venir en aide.

 Trois heures plus tard, les premiers avions de la force d'intervention humanitaire d'urgence des Nations unies décollèrent de leur base tandis que les appareils des équipes internationales s'envolaient eux aussi de leurs différentes capitales. C'était une des particularités du plan « Colombe de la paix » : pouvoir compter sur des forces de secours « en attente » un peu partout dans le monde, en particulier dans les régions où les risques de catastrophes naturelles étaient prévisibles. L'Afrasie se trouvait sur une fracture de l'écorce terrestre. Ce pays, comme d'autres, figurait en bonne place dans la liste des zones du globe à surveiller.

 En deux jours, l'ONU dépêcha sur place plusieurs milliers de secouristes, tous spécialistes dans leur domaine. Plusieurs dizaines de nationalités étaient représentées mais l'ensemble des personnels parlait anglais (la France avait tenté de s'opposer à la prédominance de *cette langue dans ce domaine humanitaire comme d'autres mais en vain) et tous arboraient une tenue blanche au sigle de l'ONU. Pour cette raison, la presse les avait surnommés « les Blousons blancs » en comparaison bien sûr avec les Casques bleus de l'Organisation.*

Un centre de commandement fut installé dans la capitale, Afaleki, et des antennes disposées dans plusieurs autres villes du pays. Il eut pour mission non seulement de coordonner le travail des « missionnaires » de l'Organisation mais aussi d'ajuster leurs actions avec celles des organisations non gouvernementales (ONG) arrivées, elles aussi, en force dans le pays. Dans la plus parfaite désorganisation parfois. Néanmoins les plus sérieuses et les plus réputées, comme Médecins sans Frontières dont les équipes travaillaient en Afrasie avant la catastrophe, n'eurent aucune peine à venir en aide aux victimes, avec efficacité, en travaillant même avec « les Blousons blancs » des Nations unies malgré leur farouche indépendance et leur méfiance à l'égard de tout ce qui pouvait représenter de près ou de loin un État. Une semaine après le tremblement de terre, le bilan des victimes fit état de près de cent mille morts. Un chiffre terrible. Chacun s'accorda cependant à penser qu'il aurait pu être plus lourd encore sans l'intervention de ce que l'on appelait le Samu international créé par l'ONU.

« À une époque où la communauté internationale s'est déjà engagée à maintenir les normes minimun en matière de développement, nous ne pouvons pas remplacer la pauvreté par la pauvreté et laisser les gens aussi vulnérables aux tragédies qu'ils ne l'étaient avant. » Qui a dit cela ? Kofi Annan ? Non, Bill Clinton. L'ancien président américain, nommé en février 2005 envoyé spécial des Nations unies pour le tsunami par le Secrétaire général, a tout de suite pris son rôle au sérieux. Au point que ces mots semblaient être prononcés par le premier fonctionnaire de l'Organisation. L'ex-chef d'État parlait ainsi de la reconstruction des pays d'Asie dévastés par le raz de marée du 26 décembre 2004, estimant que le monde « avait l'obligation, face à une tragédie de cette ampleur, d'aider les gens à reconstruire leurs vies et d'essayer de compenser les pertes en vies humaines en reconstruisant mieux ». Propos généreux à la hauteur de la catastrophe et du rôle que l'ONU entendait jouer sur place.

Fort opportunément, la nomination de l'ancien président démocrate mit un point final à une polémique, née quelques heures après le déferlement de la vague meurtrière. George Bush avait décidé de créer une coalition d'États en faveur des victimes, avec l'Inde, le Japon et l'Australie sans songer un seul instant à faire appel à la seule organisation politique universelle en place sur cette planète. Face à une opposition internationale quasi immédiate, l'administration américaine a fini par oublier cette coalition qui réveillait d'autres images, beaucoup moins pacifiques, et à reconnaître, probablement à contrecœur, que l'ONU, tant honnie par George Bush et son entourage, coordonnerait l'aide mondiale.

Cette polémique avait été aggravée par les propos fort peu diplomatiques mais efficaces de Jan Egeland, le coordinateur de l'aide d'urgence des Nations unies. Cet homme franc avait en effet critiqué la pingrerie des États riches qui ne consacrent que 0,1 ou 0,2% de leur Produit national brut à l'aide au développement au lieu du 0,7%

promis dans la Déclaration du Millénaire. Les États-Unis se sentirent visés, et pour ne pas encourir le risque de passer pour des égoïstes, alors que l'Amérique est une nation généreuse, le chef de l'exécutif américain augmenta massivement l'aide de son pays aux victimes et dépêcha sur place une armada pour aider les sauveteurs.

La nomination de l'ancien gouverneur de l'Arkansas vint donc apaiser de nouvelles tensions entre l'ONU et les républicains néo-conservateurs. Elle montrait aussi que le scénario idéal imaginé lors de cette catastrophe dans cette malheureuse Afrasie n'est pas encore d'actualité. Un cataclysme survient avec son cortège de victimes et d'horreurs. Le monde s'émeut plus ou moins selon la couverture médiatique. Pour les téléspectateurs, une catastrophe naturelle ou une guerre n'a de réalité que s'il y a des images. L'ONU est appelée à l'aide en général dans l'improvisation. Celle-ci tente de faire face dans la précipitation. Les responsables des États font des dons et des promesses de dons à l'ONU, puis la catastrophe est oubliée.

En Asie, l'ONU était au rendez-vous comme d'ailleurs les organisations non gouvernementales. Sans une réelle force d'intervention mais forte de promesses d'aide financière, l'Organisation se trouvait une nouvelle fois auprès des victimes.

Dans le domaine de l'humanitaire d'urgence, l'ONU s'organise autour d'un Bureau de coordination des affaires humanitaires (OCHA) qui est censé faire face à toutes les urgences. Ce n'est pas le cas évidemment, faute de moyens. Ce Bureau a été créé après le vote d'un texte de l'Assemblée générale[1]. Selon cette recommandation,

---

1. Texte 46/182 du 19 décembre 1991.

LE SAMU DU MONDE ?

« l'Organisation des Nations unies a un rôle central et unique à jouer dans la direction et la coordination des efforts que fait la communauté internationale pour aider les pays touchés » étant entendu que « la souveraineté, l'intégrité territoriale et l'unité nationale des États doivent être pleinement respectées ».

Ce Bureau emploie quelque huit cents personnes à New York et à Genève, le second centre des Nations unies. Il est financé à hauteur de 10 % par le budget ordinaire de l'ONU et surtout par les contributions volontaires des États. Afin d'accomplir sa mission, il doit coordonner, par exemple, le travail de l'UNICEF (le Fonds des Nations unies pour l'enfance), de l'OMS (Organisation mondiale de la Santé) ou bien celui du PAM (Programme alimentaire mondial). Autant de sigles, autant d'agences dont le travail noble s'inscrit dans la durée. Autant de forteresses et d'États dans « l'État onusien »...

Ce service onusien se heurte de surcroît à l'indignation sélective des États membres.

En janvier 2005, l'ONU a battu un record de promesses de dons. Huit jours seulement après le tsunami qui a fait plus de cent cinquante mille morts, l'Organisation avait déjà recueilli une somme d'environ un milliard et demi de dollars. Les esprits cyniques la comparèrent avec le 1,7 milliard de dollars recueilli quelques mois plus tôt en faveur de 26 millions de personnes réparties dans vingt-quatre pays d'Afrique. Pour toute l'année 2005 ! Face à cette arrivée massive d'argent, l'ONU a d'ailleurs joué la carte de la transparence. Elle a promis de faire appel à un cabinet d'audit américain pour assurer le suivi de l'aide aux sinistrés.

Cette inégalité de traitement des pays ravagés par la nature ou par les guerres a choqué Jan Egeland ainsi que les responsables de son département. Pendant que la manne affluait en faveur des victimes de l'Asie, l'ONU a donc pris la décision de lancer un appel en faveur des pays dont nul ne semble se soucier en Occident. « Certains endroits sont plus populaires que d'autres », dit Jan Egeland. Il remarqua qu'il avait été assez facile pour lui de financer un soutien au Kosovo et en Irak mais il ajouta, sincèrement consterné : « L'aide à l'Afrique est un cauchemar. » Durant plusieurs jours, il réitéra ses appels au secours devant les caméras. Lors d'une conférence le 6 janvier, il fit une constatation terrible : « Il y a autant de victimes sans nom en une année dans l'est du Congo et au Darfour, dans l'est du Soudan qu'il n'y en aura dans les pays frappés par le tsunami. » Il ajouta, sans illusions : « J'espère que le monde montrera autant de compassion pour ces victimes sans défense au Congo et au Soudan. »

Comment en effet développer une ample action humanitaire d'urgence quand les États membres choisissent de bonnes causes en fonction de l'impact sur leurs propres populations ? Plus tard, Jan Egeland, qui était aussi en 2005 Secrétaire général adjoint pour les Affaires humanitaires (« Mon travail est d'être l'avocat des pauvres et de demander de l'argent à ceux qui peuvent en donner », dit-il), défendit l'idée d'une intervention au Darfour en faveur d'une population de près de deux millions de déplacés. Il publia aussi à l'attention de ceux qui ne voulaient rien entendre une liste de quatorze crises humanitaires. Douze d'entre elles touchaient l'Afrique[1]. « Pour les grandes

---

1. République démocratique du Congo, Tchad, Somalie, Ouganda, Érythrée, Burundi, Afrique de l'Ouest en général, région des Grands Lacs, Guinée, Côte d'Ivoire, République centrafricaine et Congo.

crises telles que celle qui sévit en République démocratique du Congo, où plus de 3,8 millions de personnes ont été tuées et 2,3 millions déplacées depuis 1997, les fonds collectés demeurent cruellement insuffisants », remarqua de son côté Kofi Annan.

En avril 2005, le Bureau des affaires humanitaires a attiré par exemple l'attention des États membres sur un chiffre à la fois alarmant et exemplaire. À ce moment-là, seuls les Pays-Bas avaient versé leur obole, soit 181 000 dollars sur les 39,3 millions demandés par l'Organisation des Nations apparemment pas unies quand il s'agit d'action humanitaire loin des projecteurs.

L'action humanitaire d'urgence de l'ONU est tributaire du respect des promesses des États donateurs. L'Organisation a l'habitude des annonces non suivies de leur application. En décembre 2003, après le tremblement de terre de Bam, en Iran, (plus de 26 000 morts), les donateurs avaient promis, la main sur le cœur, 115 millions de dollars. L'ONU en avait demandé 33 pour répondre aux besoins des sinistrés. En réalité, 17 millions seulement ont été versés en faveur des survivants du séisme.

Dans son projet de réforme, Kofi Annan parle de « l'extension incessante du domaine d'intervention du système international d'action humanitaire ». Il note que, désormais, « quelques jours suffisent pour déployer du personnel humanitaire expérimenté et distribuer de grandes quantités de denrées alimentaires et autres produits de première nécessité aux victimes de guerres et de catastrophes naturelles partout dans le monde ». Quelques jours suffisent peut-être, quand l'opinion publique s'émeut et entraîne ses élus, mais quand verrons-nous naître un véritable Samu du monde dirigé par l'ONU, à l'action impartiale, en collaboration avec des États volontaires, comme le demandait la France début 2005, déplorant le manque de cohérence et de capacité d'intervention des Nations unies en la matière ? Quand les gouvernements donneront-ils à l'ONU les moyens de créer cette structure ? Pour cela, il faut un financement constant et non lié au caractère médiatique de la crise. Comme l'écrit le Secrétaire général : « il faut disposer d'un financement prévisible pour répondre aux besoins des populations vulnérables ». L'ONU a aussi besoin de personnels capables de réagir à toutes les urgences. Elle « devrait établir un fichier central de tous les personnels spécialisés et équipes de spécialistes techniques, ainsi que des fournitures, matériels et services d'urgence disponibles au sein du système des Nations unies et auprès des gouvernements, organisations intergouvernementales et organisations non gouvernementales et pouvant être rapidement mis à contribution », dit le texte voté par l'Assemblée générale, il y a plus d'une décennie... Au fond, tout ou presque serait si simple si les États appliquaient les textes qu'ils votent dans les enceintes onusiennes.

Pour changer le visage de l'ONU, il faudrait enfin que les cent quatre-vingt-onze États membres de l'Organisation honorent leur signature en matière de lutte contre la pauvreté, thème dominant, on l'a vu, dans la réforme préconisée par Kofi Annan. La pauvreté est considérée comme une menace pour la sécurité du monde. Et surtout comme une tragédie pour ceux qui en sont les victimes. En 2000, les gouvernements ont signé une Déclaration du Millénaire. Ce texte fixe huit objectifs à atteindre d'ici 2015 :

– *Réduire l'extrême pauvreté et la faim ;*
– *Assurer l'éducation primaire pour tous ;*

LE SAMU DU MONDE ?

– *Promouvoir l'égalité des sexes et l'autonomisation des femmes ;*
– *Réduire la mortalité infantile ;*
– *Améliorer la santé maternelle ;*
– *Combattre le VIH/sida, le paludisme et d'autres maladies ;*
– *Assurer un développement durable ;*
– *Mettre en place un partenariat mondial pour le développement.*

Qu'en est-il, cinq ans plus tard, alors que l'Organisation fête ses soixante ans ? Les économistes notaient quelques progrès en Asie mais « des retards dans tous les domaines », selon Kofi Annan, en Afrique subsaharienne et en Océanie. « Un temps précieux a été perdu mais avec une mobilisation adéquate des ressources, avec la volonté politique et des réformes, tant dans les pays en développement que dans les pays développés, diviser par deux l'extrême pauvreté d'ici 2015 est encore possible », disait en janvier 2005 Mark Malloch Brown, le nouveau directeur de cabinet de Secrétaire général.

11

La réforme vue de Washington

L'initiative n'a pas de précédent.
En mars 2005, une soixantaine de diplomates américains ont écrit au président de la commission des Affaires étrangères du Sénat. Ils lui ont demandé de s'opposer à la nomination d'un des leurs comme représentant des États-Unis à l'ONU.
Il est vrai que John Bolton, l'ambassadeur en question, ne passe pas inaperçu avec son comportement et ses déclarations à l'emporte-pièce, surtout quand il s'agit des Nations unies. Lorsque George Bush l'a nommé à ce poste, les journaux américains se sont souvenus que ce diplomate fort peu diplomatique aurait dit un jour que, si l'ONU avait dix étages de moins, cela ne ferait aucune différence. « Si nous voulons que l'ONU soit efficace, elle doit être débarrassée de ses problèmes, il est donc logique de nommer un représentant des États-Unis qui parlera sans

détour des enjeux », a dit plus tard, pour se justifier, le président américain.

Dans leur lettre, les anciens cadres du Département d'État en poste sous des administrations démocrates ou républicaines et désormais retirés des affaires, se sont montrés particulièrement incisifs. « Que John Bolton, ont-ils écrit, tienne à affirmer que l'ONU n'est précieuse que quand elle sert directement les intérêts américains, et que le Conseil de sécurité le plus efficace serait celui dont les États-Unis seraient le seul membre permanent, ne l'aidera pas à négocier avec les représentants de 96 % de l'humanité. » Cet incident montre à quel point les relations entre les hommes au pouvoir dans la capitale américaine et ceux en place dans le territoire international à New York se sont dégradées depuis 2003 après la crise irakienne. En juin 2005, huit anciens ambassadeurs américains ont signé une lettre dans laquelle ils dénonçaient un projet de loi forçant l'ONU à se réformer sous peine d'une réduction de 50 % de la participation financière américaine à l'ONU. Projet condamné également par la Maison Blanche.

Néanmoins, l'interminable audition de John Bolton, et la polémique autour de sa candidature ainsi que la division du Sénat ont montré que les néo conservateurs, « qu'il ne faut pas confondre avec les patriotes comme Madeleine Albright », remarque Hubert Védrine, l'ancien ministre des Affaires étrangères, n'avaient plus la même influence en 2005. John Bolton a finalement incarné le paradoxe de l'attitude américaine vis-à-vis de l'ONU : pourfendeuse mais aussi respectueuse, à condition du moins, que les onusiens se drapent de la bannière étoilée. Pour preuve de cette attitude ambiguë : au moment où la commission des Affaires étrangères du Sénat examinait, avec circonspection la candidature de John Bolton jugé peu digne de représenter la fédération américaine à l'ONU, les sénateurs décidaient de voter une diminution de la quote-part américaine au budget des opérations de maintien de la paix des Nations unies. Ils l'ont ramenée de 27,1 % à 25 %. Une telle baisse «reste un objectif de la politique des États-Unis envers l'ONU», dit un d'entre eux. Cette attitude fort peu multilatérale s'explique en grande partie par le «syndrome somalien», l'échec douloureux des États-Unis en Somalie. Depuis lors, les hommes politiques de ce pays ne veulent plus entendre parler de maintien ou d'imposition de la paix sous l'égide de l'Organisation.

Dans les déclarations des responsables américains, les Nations unies demeurent pourtant au cœur de leur politique étrangère. Quelques semaines à peine après sa nomination au poste de Secrétaire d'État, Condoleezza Rice a rencontré Kofi Annan et a affirmé, devant micros et caméras, que «les États-Unis, en tant que membre fondateur de l'ONU, souhaitent que cette Organisation soit forte, prête et parée pour les défis du XXIe siècle». Qui croire ? Traditionnellement, le Congrès ou plutôt une partie des parlementaires qui ne jurent que par les États-Unis, rechignent à financer l'Organisation des Nations unies. Ils la considèrent comme un repaire d'ennemis de l'Amérique, ce qui est fort exagéré même s'il est vrai que l'anti-américanisme est vivace à l'ONU depuis des décennies. De leur côté, la présidence américaine et les diplomates des États-Unis sont plus enclins, à travailler avec l'institution onusienne. Ils sont en général multilatéralistes, à part bien sûr George Bush junior.

Pourtant, doit-on rappeler que c'est un président américain, Franklin Roosevelt, qui est en grande partie, à l'origine des Nations unies comme Woodrow Wilson fut l'inspirateur de la Société des Nations ? Il faut se souvenir que ce sont les Américains qui ont porté l'ONU sur les fonts baptismaux. Comme l'écrit une spécialiste[1] : « ce sont eux qui, dès 1939, ont élaboré les projets amenant à l'élaboration et à l'adoption de la Charte des Nations unies à San Francisco en 1945. Par conséquent, la création de cette organisation apparaît comme le produit du leadership américain ». Les principes universels des Nations unies se veulent aussi le reflet des valeurs américaines. De là à penser que l'ONU doit être au service de l'oncle Sam, il n'y a qu'un pas.

En 2004, George Bush est venu un court moment à New York. Il a prononcé un discours à la tribune de la 59e session de l'Assemblée générale. Le président des États-Unis parti en guerre sans l'aval du Conseil de sécurité, dans une opération militaire illégale selon Kofi Annan, a fait l'éloge de l'ONU... « Le peuple américain, a-t-il dit, respecte l'idéalisme qui donne vie à l'organisation ». Il a ajouté que « défendre cet idéal est vital mais pas suffisant. Notre mission plus large en tant qu'État membre est d'appliquer ces idéaux aux grandes questions de notre temps ». C'est sans doute ce que voulait dire aussi le prédécesseur de John Bolton quand il a déclaré, quelques mois plus tard, en janvier 2005, que « l'ONU est importante pour le bien-être et la stabilité du monde et pour le bien-être des États-Unis aussi ». Puis, le diplomate

---

1. Alexandra Novosseloff, *Questions internationales*, janvier-février 2005.

s'est fait à la fois l'avocat de son pays et des Nations unies : « Les États-Unis, a-t-il ajouté, sont un grand pays, un pays très puissant et bien intentionné. Il essaye de faire le bien et personne n'aime l'opposition ni les critiques. Mais justement, parce que les États-Unis sont grands et forts, il importe que nous soyons particulièrement ouverts aux points de vue des autres et aux opinions qui sont parfois différentes des nôtres. » Cette mise au point surprend alors que l'administration Bush, même avant le 11 septembre, n'est pas réputée pour son ouverture et que les parlementaires américains ont du mal à se faire à l'idée que l'ONU n'est pas le reflet du plus puissant de ses cent quatre-vingt-onze États membres mais de l'ensemble des pays.

Depuis la fin de la guerre froide, Washington a considéré l'Organisation comme une institution qui lui permet de forger des coalitions, notamment lors de la guerre du Golfe en 1991, au service du droit certes mais aussi de ses intérêts géopolitiques. « Une ONU à la carte », selon Boutros Boutros-Ghali. Les gouvernements américains ont, en outre, eu tendance à fixer sur l'agenda leurs propres priorités et à utiliser les instances onusiennes pour propager leurs visions du monde. Normal, expliquent les diplomates du Département d'État. En tant que premier contributeur au budget de l'ONU, les États-Unis doivent s'y faire entendre. Ils ajoutent que sans le « leadership » des États-Unis, l'ONU aurait encore moins de prise sur les relations internationales. C'est une réponse à ceux qui, à New York, songent parfois à une ONU sans Washington. L'ONU gagne sa légitimité de ses États membres. Qu'en serait-il si le premier d'entre eux la quittait ? Qui peut penser un instant, à part les plus irréductibles ennemis de l'Amérique, que l'ONU pourrait exclure de ses rangs les États-Unis ? Ou les États-Unis quitter l'ONU ?

Aujourd'hui, l'Amérique a une vision précise des Nations unies.

Pour l'administration Bush, l'Organisation n'est pas l'alpha et l'oméga des relations internationales même si, comme l'écrit un diplomate américain[1], « nous reconnaissons qu'aucun autre forum international n'existe où les nations aussi vieilles et grandes que la Chine et nouvelles et petites que le Timor-Leste peuvent travailler ensemble comme partenaires sur des questions comme le terrorisme et la prolifération des armes de destruction massive ».

Cependant soixante ans après sa création, l'ONU doit, selon Washington, être réformée. « Il n'est un secret pour personne que les Nations unies ne peuvent pas survivre en tant que force de la politique internationale, sans réforme », dit Mme Rice en avril 2005[2]. L'Assemblée générale et la Commission des droits de l'homme sont notamment visées. La première parce qu'elle est considérée comme un « moulin à paroles » pour reprendre l'expression de Richard Perle, composée en partie par des pays fort peu démocratiques. La seconde parce qu'elle est,

---

1. Kim R-Holmes, *Aspenia*, juillet 2004.
2. En juin 2005, un rapport du Congrès rédigé par six parlementaires démocrates et six parlementaires républicains, intitulé *Les intérêts américains et les Nations unies* (publié par The United States institute of Peace) reconnaît l'importance de l'ONU pour la politique étrangère des États-Unis. Il préconise sa réforme en s'appuyant sur les démocraties pour « plus d'efficacité et de transparence ». « Ce rapport est un appel à l'action » lit-on dans ce texte.

selon Washington, un repaire d'États qui violent ces droits et s'érigent en juges.

D'une façon générale, l'ONU est vue au Capitole et à la Maison Blanche comme un lieu où prévalent « les intérêts paroissiaux étroits », selon un expert du ministère américain des Affaires étrangères, où le *statu quo* est érigé en doctrine. Les États-Unis veulent désormais la changer afin qu'elle avance, dans leur direction.

Pour atteindre cet objectif, ils considèrent que la bureaucratie onusienne, pourtant moins pléthorique que les bureaucraties nationales, doit continuer à perdre du poids. Le refrain n'est pas neuf. Depuis plus de dix ans déjà, les Américains souhaitent son amincissement pour, disent-ils, la rendre plus réactive, la muscler. Déjà, au début des années 1990, le Secrétaire général, Boutros Boutros-Ghali, avait choisi Dick Thornburg, un Américain pour réorganiser l'institution alors que le *Wall Street Journal* déclarait qu'elle était « la plus fameuse et la plus grasse bureaucratie du monde ». Le fonctionnaire américain estimait qu'il y avait « trop de bois mort » en son sein. « Le coût du maintien de gens peu qualifiés, incompétents ou non productifs dépasse de loin toute dépense liée au "nettoyage" de l'Organisation », écrivait-il. Dans son rapport, il dénonçait pêle-mêle, la médiocrité du recrutement, l'insuffisance de leur évaluation durant leurs carrières et même le harcèlement sexuel dans la Maison de la paix. Ses conclusions avaient secoué les onusiens. Au point que l'homme, surnommé « le boucher de Pennsylvanie » en raison des licenciements qu'il avait décidé d'effectuer dans l'administration de cet État quand il en était gouverneur, a dû quitter l'ONU un an seulement après sa nomination. Depuis, rien n'a changé même si « la gestion de l'ONU s'est anglo-saxonnisée » dit un de ses cadres. Ce qui pour lui, ne semble pas être un compliment. Une ONU moins bureaucratique à la gestion plus rigoureuse avec des employés plus motivés, disent les Américains.

Au sujet du Conseil de sécurité, la position des États-Unis est simple[1]. Ne peuvent y siéger que les pays qui jouent un rôle en faveur de la paix. « Nous n'y voulons pas voir d'États terroristes ou des États qui soutiennent les terroristes », dit un diplomate d'outre-Atlantique. Selon Washington, ce Conseil doit être efficace, capable, par exemple, d'autoriser une guerre préventive en cas de légitime défense. Ce qui est prévu par l'article 51 de la Charte. Tout dépend en réalité de ce que l'on entend par légitime défense. « Elle doit être comprise et appliquée dans le contexte des nouvelles menaces posées par le terrorisme global et la prolifération des armes de destruction massive », notait en janvier 2005 un ambassadeur américain lors d'une réunion de l'Assemblée générale. Précision importante : les États-Unis rejettent l'idée d'un accord préalable du Conseil de sécurité dans le cas d'une attaque préventive d'un État qui estime intervenir dans une situation de légitime défense.

L'essentiel cependant n'est peut-être pas là. Désormais, le gouvernement des États-Unis veut faire de l'ONU réformée, la propagatrice de l'idée de démocratie, de libre entreprise, d'économie de marché et de bonne gouvernance des pays les plus pauvres. Cela aussi, les diplomates

---

[1]. Les États-Unis ont, le 23 juin 2005, officiellement présenté leur projet de réforme de l'ONU. Au Conseil de sécurité, siégeront deux nouveaux membres permanents dont le Japon et deux ou trois sièges non permanents supplémentaires seront créés.

américains le disent avec une particulière netteté. « Si les Nations unies sont efficaces, elles aideront les pays à bien se gouverner et à appliquer l'économie de marché qui encourage l'esprit d'entreprise et la formation aux affaires », explique l'ambassadeur. Alors, l'ONU deviendra-t-elle la grande prêtresse du libéralisme après avoir été la pasionaria des pays les plus pauvres et les plus hostiles aux États-Unis ?

Au début de 2005, lorsque Condoleeza Rice est devenue Secrétaire d'État, elle a tout de suite annoncé sa priorité devant le Sénat : « Nous allons rassembler la Communauté des démocraties autour d'un système international basé sur nos valeurs communes et le respect de la loi. Nous allons renforcer la communauté des démocraties pour lutter contre les menaces à notre sécurité commune et réduire le désespoir qui nourrit le terrorisme. Et nous allons répandre la liberté et la démocratie à travers le monde. » Avec ou sans l'ONU ? Il faut s'intéresser à ce terme de « communauté des démocraties ». Il ne s'agit pas seulement d'une formule mais du nom d'une organisation politique. Créée à Varsovie, la capitale polonaise au cœur de la « nouvelle Europe », les 26 et 27 juin 2000 à l'initiative de Madeleine Albright, qui fut représentante des États-Unis à l'ONU puis Secrétaire d'État, cette Communauté des Démocraties rassemble plus d'une centaine de pays. Refusant d'y participer, Hubert Védrine, à la tête de la diplomatie française, considérait que cet agglomérat allait créer deux blocs : celui des démocraties et celui des pays qui n'en sont pas, dont l'antagonisme pouvait être source de conflits. Il ajoutait que cette Communauté pouvait donner l'impression que l'Occident utilisait cette aspiration à la démocratie à des fins politiques, économiques et culturelles.

Cette Communauté des démocraties a créé un groupe au sein de l'ONU. Ses différents membres se sont retrouvés à New York le 1er novembre 2004. Ils ont envisagé de proposer des projets de texte à l'Assemblée générale : sur l'abolition de la torture, la coopération entre les religions, le rôle des organisations régionales dans la promotion et la consolidation de la démocratie et l'amélioration du statut des femmes.

La véritable réforme de l'ONU vue de Washington ne serait-elle pas de promouvoir cette Communauté au sein de l'Organisation multilatérale afin de la transformer en alliée dans la croisade de George Bush en faveur de la démocratie ? Cette création d'inspiration américaine n'est-elle pas le Cheval de Troie qui va changer l'ONU ? qui va finalement la transformer en ODA, Organisation des démocraties soutenue par Washington ? Une note du Département d'État le confirme presque. « Les États-Unis croient que les nations démocratiques doivent travailler plus étroitement dans le but d'aider les Nations unies à faire vivre ses principes fondateurs. À travers la formation d'une Communauté des démocraties aux Nations unies, les États-Unis peuvent soutenir le travail de l'ONU dans des domaines comme les droits humains, la bonne gouvernance et le règne de la loi. » Allons-nous alors assister, au sein des Nations unies, à une lutte entre les démocraties et les pays qui n'en sont pas ? Ce n'est pas si simple car parmi les signataires de la Convention de Varsovie se trouvent aussi des pays fort peu démocratiques. Pourtant, pour entrer dans cette coalition, les candidats doivent remplir un certain nombre de critères : élections libres et périodiques, multipartisme, liberté d'expression, pluralisme de l'information, respect de la loi, séparation des pouvoirs, droit des enfants, des femmes, des minorités... Comment se fait-il alors que s'y trouvent des États comme la Tunisie, la Russie, l'Égypte et d'autres ?

Un autre scénario est aussi possible pour l'ONU. Les Nations unies verraient la Communauté des démocraties devenir une vraie organisation internationale, autonome, financée par ses États membres et chargée, avec le soutien des États-Unis, de promouvoir la paix, la liberté, le droit et l'économie de marché. Certains hommes politiques américains aimeraient qu'il en soit ainsi. L'ONU réduite alors à un gang d'États au ban de nations, unies sous d'autres cieux, sombrerait une fois pour toutes.

En attendant, loin de ce scénario catastrophe, et afin de montrer que les États-Unis ne sont pas aussi hostiles que cela à l'ONU, le Congrès a proposé, en mars 2005, un prêt de 1, 2 milliard de dollars d'une durée de trente ans, avec un taux de 5,54 %, le meilleur du marché selon les spécialistes, à l'Organisation afin que celle-ci finance la rénovation complète de son siège new-yorkais...

12

Paris - New York

Le 22 mars 2005, quelques heures seulement après la publication du rapport de Kofi Annan sur la réforme de l'ONU, le président de la République, Jacques Chirac, a écrit au Secrétaire général. Le président a estimé dans sa lettre que « ce travail remarquable constitue, du point de vue de la France, une excellente base de discussion pour parvenir aux décisions ambitieuses qui s'imposent sur le développement et la réforme des Nations unies ». Il ajoute, en s'adressant au premier représentant des Nations unies, que : « la France sera à vos côtés pour faire aboutir les réformes nécessaires ». Au moins un État membre permanent du Conseil de sécurité garantissait son soutien à un homme affaibli par le scandale du programme « Pétrole contre nourriture ».

La France, bonne élève des Nations unies ? Aujourd'hui c'est incontestable mais ce n'est pas simplement par philanthropie. « Pour une puissance moyenne comme la nôtre voulant jouer un rôle mondial, qui a un message universel, des prétentions et un bon réseau diplomatique, l'ONU est une chance », dit avec malice un diplomate de haut rang au ministère des Affaires étrangères. Alain Juppé, qui connaît bien le Quai d'Orsay pour avoir été à sa tête, va même jusqu'à dire qu'avec l'ONU et son veto, « la France vit au dessus de ses moyens ».

Des cinq « grands » du Conseil de sécurité, notre pays est probablement le plus attaché à l'Organisation. L'ONU est pour la France un moyen de se faire entendre. Comme le dit un autre haut fonctionnaire du Quai d'Orsay, « Nous soutenons cette Organisation non pour maintenir notre rang, ce serait une mauvaise raison, mais parce qu'elle amplifie notre vision du monde. » De l'ONU considérée comme le porte-voix de la mission planétaire que croient encore avoir les représentants français.

La France est peut être aujourd'hui la meilleure alliée de l'ONU, mais il n'en a pas toujours été ainsi.

Conviée à la Conférence fondatrice de l'ONU à San Francisco, comme puissance invitée et non comme État participant, dotée du droit de veto alors que cela n'allait pas de soi, ses relations avec l'ONU ont été tendues durant les vingt première années d'existence de l'Organisation. Les décennies 1950 et 1960, celles de la décolonisation, ont même été marquées par des crises. L'Assemblée générale des Nations unies a reconnu le « droit du peuple algérien à l'autodétermination » et la crise de Suez n'a rien arrangé. L'arrivée au pouvoir de Charles de Gaulle a en quelque sorte entretenu cette tension. C'est d'ailleurs à l'occasion d'une vive discussion entre le président français et le Secrétaire général, Dag Hammarskjköld, dont il critiquait les initiatives, notamment, au Congo, que le général de Gaulle aurait qualifié l'ONU de « machin ». Il a fallu attendre l'indépendance de l'Algérie en 1962 pour que les relations s'améliorent entre Paris et New York.

En 1978, la France a participé pour la première fois à une mission de maintien de la paix des Nations unies. C'était au Liban. En 2005, le départ des Syriens du territoire libanais, demandé par la résolution 1559 soutenue à la fois par Paris et Washington, a montré que, dans cette région du monde, les Français ont encore quelque influence.

Mais ce n'est vraiment qu'après la fin de la guerre froide que le président français et son gouvernement se sont faits les avocats de l'Organisation. Ce soutien s'est traduit notamment dans ses opérations de maintien de la paix. En 1993, la France est ainsi devenu le premier pays « fournisseur » de troupes pendant la guerre dans l'ex-Yougoslavie.

Pour Paris, aujourd'hui, toutes les crises internationales doivent être réglées autour de la table du Conseil de sécurité, c'est à dire avec sa participation. La France veut plus que jamais gérer les crises que traverse le monde. Chacun a pu mesurer cette inclination en 2003 avant l'entrée en guerre des États-Unis contre l'Irak lorsque les autorités françaises considéraient qu'il fallait aller au bout du processus d'inspection, sous le contrôle du Conseil, avant d'engager une opération armée contre Saddam Hussein.

Avocate du multilatéralisme prônée à New York, la France est aussi bien représentée dans le système onusien même si cette présence tend à diminuer. Comme l'indique un rapport du Sénat daté de 2004, « la part du personnel français dans les effectifs totaux du système des Nations unies est passé de 7,92 % en 1999 à 7,13 % en 2001, et la part des administrateurs de 6,74 à 6,23 % ». Mais la place de la France se mesure aussi au plan financier. Elle est le quatrième contributeur au budget ordinaire. En 2003, cela représentait 83 millions d'euros. « L'ONU c'est pas cher par rapport à ce qu'elle nous rapporte », note en riant un expert du Quai d'Orsay. Paris finance aussi les opérations de maintien de la paix à hauteur de 7,87 %, soit 140 millions d'euros en 2003. En revanche, la France n'est que le 13e contributeur volontaire dans les différentes agences onusiennes.

Les Français participent aussi aux opérations de maintien de la paix. En mars 2005, cinq cent quatre-vingt-dix-neuf d'entre eux étaient en mission pour les Nations unies. Le gouvernement a signé le 25 juin 1999 un accord avec l'ONU qui prévoit la mise à disposition de l'organisation des troupes et du matériel dans le cadre du « système des forces en attente ». Cet engagement de forces, noté dans les fichiers des Nations unies, est conditionnel. Il s'agit d'une promesse virtuelle enregistrée sur une base de données. La décision appartient au gouvernement. En principe, la France met donc à la disposition de l'ONU, cinq mille hommes qui peuvent se déployer entre huit et trente jours.

Forte de son statut au Conseil de sécurité, de son financement, de son rôle dans les opérations de maintien de la paix, la France est donc une alliée de l'ONU. Elle se veut également le chantre de sa modernisation et de son rôle sur la scène mondiale. « Il est de l'intérêt de la France que l'ONU fonctionne bien », remarque Jean-Bernard Mérimée. Sur ce dernier plan, elle se situe aux antipodes des États-Unis. Une note de travail du ministère français des Affaires étrangères est explicite. « Les Nations unies doivent occuper une place centrale dans la réponse collective qu'imposent les menaces du monde actuel, de la prolifération du terrorisme à la pauvreté et à la pollution, en passant par les conflits et les violations des droits de l'homme. » Selon ce document : « Elles seules en effet cumulent les avantages d'une action légitime, d'un mandat global et d'une composition universelle. » Difficile de faire montre de plus d'attachement à leur égard.

« Cette vieille baraque fonctionne malgré tout ! » s'exclame un diplomate qui a travaillé dans « la boîte d'allumettes de la 1re avenue ». « Nous sommes très attachés à une rénovation profonde de cette maison, dit plus sobrement un des ses collègues, il faut la réformer et ne pas attendre qu'un consensus se dégage, il faut y aller et voter à la majorité. » Plus prudent, un ambassadeur relativise cette réforme. « L'ONU a toujours su évoluer, dit-il, regardez l'ouverture du Conseil de sécurité à de nouveaux membres dans les années 1960 ! »

Les Nations unies en réforme permanente ? Sur le plan de la gestion, de la lutte contre la bureaucratie, de la coordination entre les agences onusiennes et même de l'organisation des opérations de maintien de la paix, des progrès sont en effet notables depuis quelques années. Mais il ne s'agit quand même pas d'une révolution. Le Quai d'Orsay le reconnaît lui-même. Une autre note interne reprenant les propositions de Kofi Annan parle de « l'Assemblée générale sclérosée » et de « la réforme du Conseil de sécurité enlisée ».

Selon Paris, la réforme de l'ONU, « qui se fait sous la pression des États-Unis », note un diplomate, est d'autant plus urgente que sont apparues de nouvelles « enceintes alternatives de coopération ». Ces nouvelles enceintes diplomatiques ont pour nom G8, OCDE, UE, OTAN par exemple. Selon ce document, « le risque est qu'elles se substituent progressivement aux Nations unies tant comme forum de dialogue que comme lieu de mise en œuvre des coopérations ». Néanmoins, pour les Français, l'ONU demeure essentielle parce qu'elle rassemble les pays du monde et que s'y constitue un consensus (ou presque), au moins dans les déclarations, autour des grandes questions qui concernent la planète.

Reste qu'il faut évoluer, pour améliorer la légitimité des institutions onusiennes en élargissant le Conseil de sécurité, « l'instance principale de légitimation de la force », rappellent en chœur, en regardant outre-Atlantique, les diplomates français. « Le chiffre de vingt-quatre membres, retenu par Kofi Annan, est une hypothèse de travail, dit un diplomate spécialiste de la maison, quant au droit de veto pourquoi ne pas le donner à d'autres pays ? » L'Allemagne par exemple ? Si tel était le cas, siégeraient au Conseil de sécurité, comme membres permanents, trois pays européens avec la France et la Grande-Bretagne. Difficile alors d'envisager une politique étrangère européenne commune et un siège unique pour l'Union européenne. « Serait-il raisonnable de faire siéger au Conseil, une organisation régionale ? » s'interroge d'ailleurs un ancien diplomate de la mission permanente française à New York. Pour lui, la France et l'Allemagne, piliers de l'Europe, pourraient être de « parfaits représentants » de l'Union autour de la table. La Grande-Bretagne suscite en revanche plus de réserves.

Quant à l'efficacité de l'ONU, les Français reprennent, semble-t-il, les conclusions du Secrétaire général. En réformant par exemple une Assemblée générale dont « une bonne part de l'activité est obsolète et illisible ». Ou en souhaitant voir se constituer un organe exerçant « le leadership en matière de traitement des États déliquescents et de consolidation de la paix après conflit ».

Une note de synthèse du Quai d'Orsay définit les priorités françaises, outre la réforme du Conseil de sécurité. En voici quelques-unes :

– *Créer une commission de consolidation de la paix,*
– *Conforter l'engagement international en matière de lutte contre le terrorisme,*
– *Renforcer la lutte contre la prolifération des armes de destruction massive,*
– *Apporter des réponses à la question du financement des Objectifs du Millénaire,*
– *Réaffirmer l'attention particulière que nécessitent les besoins de l'Afrique,*
– *Promouvoir le principe de la « responsabilité de protéger »,*
– *Renforcer le dispositif international de promotion et de protection des droits de l'homme,*
– *Renforcer les capacités d'action rapide face aux crises humanitaires.*

La note reprend les conclusions de Kofi Annan. Les Français souhaitent en outre mettre l'accent sur le développement. « Il faut créer, au sein des Nations unies, un

Davos du tiers-monde, dit un négociateur français, un organisme où se rencontreraient les pays riches, les pays émergents et l'Afrique. » Un peu comme le G 20 qui réunit une fois par an, au niveau ministériel, les pays industrialisés et quelques nations moins développées. Mais, ajoute-t-il, « il faudrait aussi y faire participer des partenaires privés » et « créer une instance politique de gouvernance économique et sociale ».

13

La réforme vue du Sud

Avant de conclure ce voyage au cœur de la réforme de l'ONU, il est temps de lancer une mise en garde. En effet, nous avons évoqué jusqu'ici des projets conçus par les États membres les plus influents. Certains prétendent même que Kofi Annan a proposé un rapport d'inspiration américaine. C'est l'avis des pays les plus pauvres de la planète, ceux qui s'estiment exclus des relations internationales. Pour eux, la réforme de l'ONU signifie une appropriation de l'Organisation internationale par les gouvernements les plus puissants.

Afin d'avoir une vision un peu plus large, il nous faut modifier un instant notre angle de vue sur cette ONU rénovée, et voir ce qu'en pensent ces nations pour lesquelles l'Organisation des Nations unies est une bouée de sauvetage. Si nous étions des Africains, nous ne verrions pas les Nations unies de la même façon.

Pour la plupart des dirigeants de l'Afrique en effet, l'ONU est non seulement une tribune unique qui leur permet de s'adresser au monde (même si celui-ci ne l'écoute pas beaucoup) mais elle représente aussi la seule Organisation qui soutient le continent en proie aux guerres civiles, au fléau du Sida et à la malnutrition notamment. « C'est le cordon ombilical qui nous relie à la vie », dit joliment Jean-Emmanuel Pondi, le directeur de l'Institut des Relations internationales du Cameroun, à Yaoundé. Un cordon d'autant plus nécessaire que cette vaste région du monde se porte mal.

Au sein de l'Assemblée générale des Nations unies, ce continent est représenté aujourd'hui par cinquante-trois États[1]. Plus du quart des membres de l'Organisation alors qu'en 1945, lors de la création de l'ONU, seuls l'Éthiopie, le Liberia, l'Afrique du Sud et l'Égypte représentaient l'Afrique. Ces deux derniers pays, nous le savons, sont favoris pour porter ses couleurs au Conseil de sécurité. Ce nombre s'est fortement accru avec les indépendances. Le Soudan et la Tunisie en 1956, le Ghana un an plus tard et la Guinée en 1958. 1960 et les années suivantes ont été celles d'une entrée en force à l'Assemblée générale avec l'arrivée de seize nouveaux États, la plupart d'anciennes colonies françaises. « De nombreux État africains sont les pupilles des Nations unies », écrit ce même universitaire camerounais[2]. Cette entrée massive a transformé l'organisation internationale. Celle-ci est en effet devenue leur porte-voix.

---

1. Ce chiffre fait de l'Afrique un continent courtisé par les pays qui veulent entrer au Conseil de sécurité.
2. *L'ONU et l'Afrique*, sous la direction de Jean-Emmanuel Pondi, Maisonneuve et Larose-Afredit, 2005.

Quinze ans après sa création, l'ONU, bloquée par la guerre froide et les puissants, a fait figure d'avocate des plus pauvres regroupés, à partir de 1964, dans le groupe dit des 77. Ce groupe des 77 pays les moins développés de la planète compte aujourd'hui 132 membres. 132 membres sur 191. Ces chiffres donnent une idée du déséquilibre géopolitique de la planète. En mars 2003, qui, selon une note de l'ONU, « restera dans les annales du Conseil de sécurité comme un mois particulièrement chargé et délicat en raison du très grand nombre de questions figurant à l'ordre du jour et de la portée politique et juridique de la question irakienne », c'est la Guinée qui présidait le Conseil de sécurité. Ainsi ce pays de l'Ouest africain, frêle esquif dans la tempête diplomatique, a réussi à garder le cap. Selon un rapport officiel consacré aux quatre semaines de présidence de cette nation : « Malgré l'attention exceptionnelle portée à la question irakienne, l'Afrique, comme d'habitude, n'a pas été en reste. Des consultations ont été organisées sur la Côte d'Ivoire, l'Éthiopie et l'Érythrée, la Guinée-Bissau, le Liberia, la République centrafricaine, la République démocratique du Congo, le Sahara occidental, la Sierra Leone et la Somalie. » Autant de pays habités par les « damnés de la terre » pour reprendre l'expression de Boutros Boutros-Ghali et le titre du livre de Franz Fanon. L'ancien Secrétaire général met en avant leur vision de la réforme. Une vision d'autant plus intéressante qu'elle émane d'un homme qui, non seulement connaît bien l'ONU et pour cause mais qui, en outre, a toujours prétendu être l'avocat de l'Afrique[1]. En

---

1. Aujourd'hui Boutros Boutros-Ghali préside le « South centre », une organisation intergouvernementale de développement qui regroupe une cinquantaine d'États du « Sud. » www.southcentre.org

pleine guerre dans l'ex-Yougoslavie, il s'était même attiré les foudres du Conseil de sécurité en affirmant que ce conflit était « une guerre de riches » alors que, selon lui, les grandes nations se désintéressaient du continent africain.

Selon l'ancien ministre égyptien, l'Organisation est en crise parce que les pays « riches », communément appelés pays du Nord, la remettent en cause. Et uniquement eux. Elle ne serait pas, prétendent-ils, à la hauteur des enjeux du nouveau siècle alors que, de leur côté, les pays du Sud, les plus pauvres, considèrent que l'ONU est la seule Organisation capable de respecter la notion de dialogue entre les peuples. Tous les peuples. À l'en croire, la discussion autour de la réforme de l'ONU cristallise en somme deux visions du monde.

Selon Boutros Boutros-Ghali, les pays « riches » ont désormais tendance à mettre en doute l'égalité « souveraine » des États, annoncée dans la Charte, en ne se préoccupant que de ceux qui ont un rôle politique sur la scène mondiale. Il leur reproche en outre d'avoir entériné la mise à l'écart de l'ONU de toutes les grandes questions économiques au profit d'institutions comme le FMI. Cette marginalisation est d'ailleurs soulignée dans le rapport du comité des sages qui a nourri les projets de réforme de Kofi Annan. « Le pouvoir de décision au niveau international dans le domaine économique, et singulièrement dans les domaines financier et commercial, ayant échappé depuis longtemps à l'ONU, lit-on dans ce document, ce n'est pas une réforme des institutions, si ambitieuse soit-elle, qui y changera quoi que ce soit. » Voilà qui laisse peu de place aux illusions.

Selon les pays les plus défavorisés de la planète, l'ONU, leur ONU, a même quasiment été victime d'une tentative de sabotage. Elle aurait été privée de fonds alors que les institutions de Bretton Woods auraient eu, elles, les moyens de se développer. La Banque Mondiale en particulier, dont le président est traditionnellement un Américain. 2005 n'a d'ailleurs pas échappé à la règle puisque le très contesté Paul Wolfowitz, l'ancien numéro deux du Pentagone, fervent partisan de la guerre en Irak a été placé à sa tête par George Bush.

Ces institutions sont accusées, à tort ou à raison, de propager un modèle économique que la plupart des représentants des pays en développement rejettent. Aminata Traoré[1], ancienne ministre de la Culture et du Tourisme au Mali, en fait partie. « Il faut, dit-elle, que l'ONU se réapproprie l'économie et propose une alternative à la pensée économique dominante. » Une pensée qui met en avant la libre concurrence, le marché, les investissements, les privatisations et relègue l'État au second plan. Or « ce type de gestion est-il efficace dans des pays où il n'y a rien même pas d'État ou presque ? », s'interroge un fonctionnaire onusien d'origine africaine qui regrette que « l'ONU ait été touchée par ce que les Français appellent la pensée unique ». « Sans vouloir en revenir au tiers-mondisme, dit-il, je regrette le temps où, au sein de l'Assemblée générale, il y avait des débats enflammés sur les différentes conceptions de l'économie. Ce temps-là est révolu. Aujourd'hui, il y a des types formés et formatés dans les grandes écoles qui viennent nous expliquer comment le FMI va sauver l'Afrique. » Une réforme de l'ONU

---

1. Lire sa *Lettre au Président des Français à propos de la Côte d'Ivoire et de l'Afrique en général,* Fayard, 2005.

devrait permettre à l'Organisation de proposer des idées alternatives en matière économique.

Boutros Boutros-Ghali n'a rien contre l'élargissement du Conseil de sécurité. Dans un discours prononcé à New Delhi, devant un parterre de responsables politiques, en février 2005, il s'est néanmoins interrogé sur l'objectif d'un tel changement. « Deviendra-t-il un forum élargi pour quelques pays majeurs, tous rivalisant pour défendre leurs intérêts ? » Pour l'ancien Secrétaire général, il ne fait en outre aucun doute qu'un tel Conseil de sécurité concentrera davantage de pouvoirs et marginalisera l'Assemblée générale. Deviendra-t-il alors un Directoire des nations ? « Les risques sont grands », dit-il. Même la présence en son sein de pays africains ne modifiera pas le rapport de forces. Néanmoins, beaucoup en Afrique défendent la candidature d'États du continent afin que le Conseil de sécurité cesse d'être considéré comme un « club de nantis », réservés à ceux qui « sortent les carnets de chèques », comme le dit un diplomate français.

D'autre part, les représentants du Sud remarquent qu'en élargissant la gamme des menaces auxquelles est désormais confrontée l'ONU les partisans de la réforme ont, selon eux, à la fois une fâcheuse tendance à proposer un rôle accru au Conseil de sécurité mais aussi à donner une tonalité sécuritaire un peu réductrice aux propositions de changement de l'Organisation. Un diplomate africain fait d'ailleurs remarquer que le rapport du Comité des sages mettait même en exergue la notion de sécurité collective. Or, dit-il, pour la Charte de l'ONU, « ce n'est qu'un objectif à atteindre parmi d'autres. Il y a aussi le progrès économique et social ».

Pour bon nombre d'hommes politiques et d'analystes africains notamment, peu désireux de se voir donner des leçons de morale par les pays occidentaux, la notion « d'ingérence humanitaire » n'est pas claire. Ils ne contestent certes pas l'importance d'une intervention des pays membres dans un État responsable de massacres de masse, d'autant que la Convention sur la prévention et la protection du génocide, approuvée à l'unanimité par l'Assemblée générale (et fort mal respectée jusqu'ici), implique un devoir d'assistance de leur part, mais ils craignent que cette « responsabilité de protéger », comme le dit Kofi Annan, s'étende peu à peu et justifie une intervention des pays riches dans les affaires de ceux qui ne le sont pas. Cette discussion autour de la notion d'ingérence se nourrit aussi de l'article 51 de la Charte qui reconnaît à un État membre le droit à la légitime défense si celui-ci est « l'objet d'une agression armée, jusqu'à ce que le Conseil de sécurité ait pris les mesures nécessaires pour maintenir la paix et la sécurité internationales ». Or, les pays du Sud ne veulent pas entendre parler de « menaces imminentes » ou « proches » qui pourraient justifier une guerre préventive. Ils souhaitent en rester à la conception classique de la légitime défense, Un État ne peut passer à l'offensive qu'après avoir été attaqué, pas avant. Ils ne veulent pas non plus d'une délégation de pouvoirs aux organisations régionales dans le domaine du maintien de la paix, pourtant reconnue par l'article 52 de la Charte et par l'article 53 qui dispose que « le Conseil de sécurité utilise s'il y a lieu, les accords ou organismes régionaux pour l'application de mesures coercitives prises sous son autorité. Toutefois, aucune action coercitive ne sera entreprise [...] sans l'autorisation du Conseil de sécurité. » Les pays du Sud ne veulent pas que l'ONU fasse appel à l'OTAN, la seule organisation militaire à pouvoir se déployer en Europe ou ailleurs. Même si l'OTAN a offert ses services à l'Union africaine pour une mission à Darfour, les plus intransigeants des défenseurs, autoproclamés ou non, des pays du Sud au sein de l'ONU ne voient vraiment pas d'un bon œil le recours à l'Organisation de l'Atlantique nord, donc des pays riches avec à leur tête les États-Unis, pour les missions armées des Nations unies.

Il ne faut cependant pas croire que les pays déshérités de l'ONU rejettent toute idée de réforme. Simplement, cette réforme doit, selon eux, concerner d'autres domaines. Un document interne d'une organisation qui tente de les représenter[1] dresse la liste d'un certain nombre de propositions qui, selon ses experts, doivent redonner du lustre aux Nations unies. Il faut, selon eux :

– En revenir au respect de la loi internationale et « aux valeurs humaines communément partagées » et mettre fin à « l'hégémonisme » du Conseil de sécurité,
– Placer les Nations unies au centre du « système multilatéral ». Cela veut dire que l'ONU doit coordonner l'ensemble des agences spécialisées, y compris la Banque Mondiale, le FMI (dont le rôle doit être moins grand selon eux) et l'Organisation mondiale du commerce,
– Redonner aux Nations unies « leurs fonctions dans le champ économique ». L'ONU doit redevenir le forum d'analyse et de discussion sur les grandes questions mondiales concernant la monnaie, les finances, le commerce et la dette.

---

1. « South centre »

– *Faire du Conseil économique et social un forum de discussion sur la coordination des politiques globales des États. Les experts qui ont rédigé cette note ajoutent que « les principaux pays développés sont libres d'avoir leur propre mécanisme de coordination avec le G8 » mais ils espèrent que « les pays du G8 viendront au forum universel de l'ONU afin de coordonner leurs politiques économiques avec celles des autres États membres ».*

Dans ce document, censé présenter les idées de réforme des pays du sud, figurent aussi des propositions en matière de maintien de la paix.
– *L'ONU doit être la seule initiatrice et conductrice des opérations de maintien de la paix. Pas question de sous-traiter. Surtout pas à l'OTAN.*
– *Pas la peine de donner à l'ONU l'objectif de maintenir la paix du monde s'il n'y a pas en parallèle un vaste programme de désarmement. « Faire des progrès dans ce domaine est la raison d'être des Nations unies », écrivent-ils.*
– *Faire en sorte que les décisions du Conseil de sécurité reflètent réellement les positions des États membres et supprimer à terme le droit de veto.*
– *Faire entendre davantage aux Nations unies la voix des peuples et des organisations non gouvernementales. Les rédacteurs de la note imaginent par exemple la création d'une « Assemblée des peuples » qui travaillerait avec l'Assemblée générale. Elle serait composée de parlementaires de tous les pays, ou de représentants directement élus à l'instar du Parlement européen.*

Empreint d'idéalisme, ce document de travail s'intéresse tout autant au sort de certains des États membres de l'ONU, qui sont tellement en marge du système international qu'ils n'ont pas les moyens de participer aux réunions, colloques, journées, conventions, sommets qui font presque le quotidien de l'Organisation des Nations unies. Quelque quatre-vingts pays sur les cent quatre-vingt-onze que compte l'ONU seraient dans une telle situation. Une réforme de l'Organisation devrait leur permettre – par une aide financière et un programme de formation – de s'insérer dans la vie diplomatique.

Selon le document, l'ONU devrait en outre être financée, par une taxe sur les transactions internationales ou sur les billets d'avion, idée qui n'est pas nouvelle, puisque l'Assemblée générale l'évoquait déjà au cœur des années 1960.

Reste la question des droits de l'homme qui semble aussi cristalliser une différence d'appréciation entre le Nord et le Sud. Créer un Conseil des droits de l'homme? Certains États du tiers-monde ne font pas montre d'enthousiasme vis-à-vis de ce projet. «Avec cet organe, les pays riches vont encore se mêler de ce qui ne les regarde pas», dit un diplomate africain. Une note non officielle préparée par le «South centre», pour le débat sur la réforme à l'Assemblée générale, parle d'une «vision occidentale des droits de l'homme».

Le respect de ceux-ci ne relève-t-il pas plutôt d'une notion universelle ?

Ainsi le proclame en tout cas la déclaration des droits de l'homme. De l'ONU.

Conclusion

En mai 2005, deux mois après la présentation de son projet de réforme, Kofi Annan ouvrit, à New York, une conférence de révision du Traité de non-prolifération nucléaire (TNP) entré en vigueur en 1970. Dans un discours d'introduction, il imagina un scénario apocalyptique, l'explosion d'une bombe atomique lancée par un État ou par un groupe terroriste. Les délégués frémirent : la paix devait être plus forte que les armes !

Le premier article de ce texte conçu pour durer vingt-cinq ans, mais prorogé depuis 1995, concernait les puissances détentrices, à l'époque, de la bombe atomique, c'est-à-dire les cinq États membres permanents du Conseil de sécurité. Il dispose que « tout État doté d'armes nucléaires qui est Partie au Traité s'engage à ne transférer à qui que ce soit, ni directement ni indirectement, des armes nucléaires ou d'autres dispositifs nucléaires explosifs, ou le contrôle de telles armes ou de tels dispositifs explosif ; et à n'aider, n'encourager ni inciter d'aucune façon un État non doté d'armes nucléaires, quel qu'il soit, à fabriquer ou acquérir de quelque autre manière des armes nucléaires ou d'autres dispositifs nucléaires explosifs, ou le contrôle de telles armes ou de tels dispositifs explosifs. »

Quelques années avant l'élaboration de ce document, le président John F. Kennedy avait déclaré à la tribune de l'Assemblée générale des Nations unies que « les armes de guerre doivent être supprimées avant qu'elles nous suppriment ». Les États membres avaient alors décidé de conclure ce traité de limitation des armes nucléaires. Dès 1946, un an seulement après sa création, l'ONU avait déjà créé une commission chargée « d'assurer le contrôle de l'énergie atomique dans la mesure nécessaire pour assurer son utilisation à des fins purement pacifiques » et « d'éliminer, des armements nationaux, les armes atomiques et toutes autres armes importantes permettant des destructions massives ».

Le désarmement est une des missions des Nations unies.

Force est de constater que l'ONU n'a pas atteint cet objectif malgré le premier traité de 1959 qui a établi une zone sans armes nucléaires dans l'Antarctique, malgré la création de commissions et agences spécialisées et en dépit de textes comme le TNP pourtant ratifié par cent quatre-vingt-huit États. Lors de la signature de ce document officiel, seuls les cinq États « plus égaux que d'autres » du Conseil de sécurité possédaient l'arme nucléaire. Ce texte solennel était conçu pour qu'il n'y en ait pas d'autres. Aujourd'hui, le nombre de détenteurs de cette arme a augmenté. Il est passé à neuf, avec l'entrée dans le « club » d'Israël, l'Inde, le Pakistan et la Corée du Nord (qui s'est retirée du traité). À ces pays, il faut peut-être ajouter l'Iran. Au total, quelque trente mille armes atomiques menaceraient la planète. Sans compter les armes conventionnelles, chimiques et biologiques.

Dans ce domaine aussi, l'heure est à la modernisation. Kofi Annan le sait bien puisqu'il estime que « le traité a perdu de sa crédibilité et de sa prééminence car il est de plus en plus difficile de le faire appliquer et d'en vérifier l'application ». Alors, pour qu'il redevienne crédible, la France, qui sait de quoi elle parle quand il s'agit d'armement, propose par exemple un renforcement des pouvoirs de contrôle de l'Agence Internationale de l'Énergie Atomique (AIEA) qui est chargée, dans le cadre du TNP, du contrôle de l'usage pacifique des matières nucléaires dans les pays qui n'ont pas la bombe atomique.

L'urgence de changements se fait ainsi sentir de tout côté.

Reprenons les points de la réforme que nous avons évoqués :
– Élargissement du Conseil de sécurité avec une augmentation du nombre d'États, permanents ou non, afin de mieux représenter le monde. Avec ou sans droit de veto.
– Création d'une commission de consolidation de la paix, afin d'aider les pays à se refaire, ou leur éviter de se défaire, avec l'appui des différentes agences onusiennes.
– Elle ne figure pas dans le rapport de Kofi Annan mais, l'idée d'un Conseil de sécurité économique est, plus que jamais, présente dans l'esprit de ceux qui suivent la question de la réforme des Nations unies. Elle leur paraît essentielle dans un monde globalisé et à l'époque du libéralisme économique.

– Création d'une ONU de l'environnement. Des pays comme l'Allemagne et la France veulent en créer les fondements en renforçant le Programmes des Nations unies pour l'environnement (PNUE).
– L'armée des Nations unies demeure un mythe. Une réforme de l'ONU au plan militaire consisterait simplement à rappeler aux États membres que la Charte de l'ONU leur demande de mettre en permanence à la disposition de l'Organisation des soldats et du matériel. Ainsi l'ONU pourra se faire respecter et appliquer les résolutions votées à New York par les diplomates.
– Le SAMU du monde ? Quand les États se résoudront à être généreux avec tous les pays et tous les peuples déshérités, dans la continuité...
– Quant au Conseil des droits de l'homme, il suscite beaucoup de commentaires et d'interrogations. Pour ne pas dire aussi de l'hostilité. Combien de temps encore la Commission de Genève discréditera-t-elle l'institution ?

L'entreprise de rénovation de l'ONU présente ainsi de multiples facettes.
« Dans cette maison, la réforme n'est pas un événement mais un processus », dit un ancien ambassadeur. Même si, selon ses défenseurs acharnés, l'Organisation a su évoluer avec son temps, en élargissant déjà la composition du Conseil de sécurité ou en mettant fin aux activités du Conseil de tutelle, cette fois de grands travaux sont nécessaires. Ceux-ci doivent être entrepris sans plus tarder. Comme ceux que la longue tour du siège de New York doit subir ces prochaines années, sous peine d'obsolescence fatale.

CONCLUSION

Ce renouvellement, évoqué tout au long de ces pages, passe aussi par un rapprochement étroit avec ce que les diplomates appellent les « organisations régionales », les associations continentales de pays, à commencer par l'Union européenne.

« L'Europe, c'est l'essence même de l'ONU », dit un des hiérarques du Quai d'Orsay.

Les « Eurocrates » ont étudié de près la réforme des Nations unies. L'Europe y est favorable, en mettant l'accent sur le développement. Selon un document de travail de la Communauté européenne, l'ONU doit aussi « créer une instance politique pour exercer une fonction d'anticipation, d'orientation, de coordination et de mise en cohérence en faveur de la gouvernance économique et sociale ». Ses auteurs prennent acte de la volonté de Kofi Annan de travailler avec « les ensembles régionaux ». Ils considèrent donc que « l'Union européenne doit pouvoir répondre positivement, quitte à étoffer ses instruments, par exemple en ce qui concerne une capacité d'observateurs des droits de l'homme », écrivent-ils. D'après eux, l'Europe doit « renforcer le caractère unique des Nations unies : globalité du mandat, légitimité fondée sur l'universalité de la composition, actualité des buts et principes de la Charte ».

« L'Union peut devenir un pilier central des Nations unies », lit-on d'autre part dans une communication de la commission de Bruxelles. À condition que l'Europe parle d'une seule voix à l'ONU, ce qui n'est pas le cas aujourd'hui, la crise irakienne l'a montré. À condition, également, qu'elle s'impose dans l'arène internationale. « Son influence réelle et son aptitude à diffuser les valeurs européennes sur la scène mondiale, souligne le document, restent encore insuffisantes au regard de sa puissance économique et de son poids politique confondus, ou plus concrètement ne sont pas à la mesure de sa contribution au financement des institutions des Nations unies. » Or, les vingt-cinq financent plus du tiers du budget ordinaire de l'ONU et au moins la moitié des fonds ou programmes de l'Organisation.

Pour l'Organisation des Nations unies, l'idéal serait aussi de pouvoir s'appuyer sur les peuples. Ou l'opinion publique comme on dit. « Nous aimerions que les foules qui ont manifesté contre la guerre en Irak fassent de même pour défendre l'ONU », soupire un des cadres de l'Organisation en Europe. Si la guerre ou la menace de guerre fait bouger les peuples, il n'en va pas de même pour la paix. A-t-on déjà vu des rassemblements massifs en faveur des Nations unies ? en faveur d'une création politique censée faire naître la concorde ? L'idéal de paix n'est pas mobilisateur. En outre, l'ONU se vend mal, malgré ses efforts d'ouverture. En 1999 par exemple, le Secrétaire général a lancé l'idée d'un partenariat entre l'Organisation et les entreprises. Il a créé le *Global compact* ou « Pacte mondial » afin « d'unir la force des marchés à l'autorité des idéaux universels ». En adhérant à ce pacte, les sociétés s'engagent à peu de frais à défendre le développement durable ainsi que d'autres principes éthiques. Elles doivent en particulier respecter les droits de l'homme et abolir le travail des enfants et peuvent, en contrepartie, utiliser le logo des Nations unies dans leurs campagnes de publicité.

CONCLUSION

Même si l'acronyme de l'ONU figure quotidiennement dans les colonnes des journaux, leurs lecteurs ne savent rien ou presque d'elle. «Dommage car le monde ne peut s'en passer», estime Alain Juppé. Trop compliqué. Trop abstrait. Trop lointain. Pourtant, l'idéal onusien ne manque ni de noblesse ni d'avenir et il gagnerait à être connu. L'ONU doit-elle être davantage enseignée à l'école ? Le drapeau bleu ciel de l'Organisation doit-il être hissé dans les villes aux côtés des couleurs nationales et européennes ? Doit-on créer des comités locaux de soutien à l'ONU[1] ? Chiche disent ses avocats. André Lewin, un diplomate français qui connaît bien l'ONU pour avoir été le porte-parole de Kurt Waldheim, aimerait que l'Organisation soit dotée d'une chaîne de télévision. Celle-ci retransmettrait ses débats, un peu comme les chaînes parlementaires. L'audience d'un tel canal n'est pas garantie mais, au moins, l'ONU, surnommée indûment «la maison de verre», gagnerait en transparence.

Cependant, une chaîne de télévision ne servira à rien si les peuples ne sont pas davantage associés à la mission onusienne, s'ils ne sont pas impliqués dans ses délibérations et décisions.

Certes, l'ONU n'a d'yeux que pour les États mais leurs peuples ont leur mot à dire. Alors pourquoi ceux-ci, de plus en plus réactifs aux événements du monde, ne pourraient-ils pas se faire entendre aux Nations unies ? Les Français ne pourraient-ils pas, comme les ressortissants des autres démocraties représentées à New York, élire des délégués à l'ONU ?

---

1. Il existe une Association française pour les Nations unies (AFNU).

Si tel n'est pas le cas, il faudra alors se résoudre à débaptiser l'institution, la contraindre à se démasquer, à dévoiler sa vraie identité : Organisation des États Unis. OEU. L'Organisation n'aurait alors plus rien à voir avec l'idée de nation qui, nous le savons depuis une célèbre conférence d'Ernest Renan, est « un plébiscite de tous les jours », une grande « agrégation d'hommes, saine d'esprit et chaude de cœur ».

La verra-t-on un jour cette « agrégation » d'hommes et de femmes, représentants de nations et non d'États ? Peut-être au sein d'une « Assemblée consultative mondiale » que préconise Hubert Védrine. Celle-ci pourrait se faire entendre avant chaque Assemblée générale. Elle aurait l'avantage de développer « à l'intérieur du système multilatéral et pour son plus grand profit, entre la société civile, les altermondialistes et les responsables politiques, ce dialogue qui se cherche depuis quelques années à travers manifestations de rues et polémiques[1] ».

L'ancien ministre des Affaires étrangères est un esprit imaginatif. Il est aussi réaliste et sceptique quand il en vient à parler d'une véritable réforme des Nations unies. « Il faudrait, dit-il avec un humour froid, une nouvelle guerre mondiale pour faire une nouvelle ONU. » Sauf, peut-être, si les peuples se mobilisent. « Si on se fixe un objectif, par exemple 2010, si une cinquantaine de pays sont convaincus et poussés par un millier d'ONG, si les nouveaux entrants au Conseil de sécurité veulent bouger, alors, ajoute Hubert Védrine, le cours des choses changera peut-être... »

---

1. *Le Monde*, 6 janvier 2005.

CONCLUSION

Boutros Boutros-Ghali est plus optimiste même s'il s'inquiète du peu de cas que l'administration Bush junior fait du monde. Il espère cependant des jours meilleurs. « Il faut attendre un nouveau Wilson ou un nouveau Roosevelt », dit-il.

« Les États, dans leurs rapports réciproques, ne peuvent sortir de cet état sans loi qui ne contient que guerre, d'aucune autre manière rationnelle que celle de renoncer, comme des particuliers, à leur liberté sauvage (sans loi), de s'accommoder de lois publiques de contrainte, et de constituer ainsi un État des peuples (*civitas gentium*) s'accroissant sans cesse bien évidemment, jusqu'à englober finalement tous les peuples de la terre », écrivait en 1795 Emmanuel Kant dans son *Projet de paix perpétuelle*.

État des peuples de la terre. Paix perpétuelle.

Seules les Nations unies peuvent approcher sinon atteindre ces objectifs. Des Nations unies profondément rénovées cela va de soi.

Après les espoirs déçus nés à la fin de guerre froide, règne une ambiance de fin de partie à l'ONU aujourd'hui. Pour dissiper cette impression, pour donner une nouvelle chance à l'Organisation et offrir aux peuples de nouvelles raisons de croire en elle, les États membres peuvent se référer à la Charte dont le dernier article dispose d'ailleurs « qu'elle sera déposée dans les archives du Gouvernement des États-Unis d'Amérique ». Elle est donc consultable, dans sa version originale, à Washington, à quelques encablures du Congrès. Une idée de promenade pour George Bush et les néo-conservateurs.

Ils verront que les articles 108 et 109 prévoient sa modification. La procédure est simple :
– Soit l'Assemblée générale et le Conseil de sécurité convoquent une « conférence générale des Membres des Nations unies, aux fins d'une révision » de la Charte.
– Soit les États proposent directement des amendements à la Charte.

Dans les deux cas, pour être acceptés, les changements doivent être votés à une majorité des deux tiers des États membres « *y compris tous les membres permanents du Conseil de sécurité* ».

Aujourd'hui, alors que l'ONU compte cent quatre-vingt-onze États membres, toute réforme des Nations unies devra ainsi obtenir l'approbation, puis la ratification de cent vingt-huit États dont celles des cinq pays suivants : États-Unis, Russie, Chine, Grande-Bretagne et France.

Table des matières

Introduction 9

1. Kofi Annan propose. Les États disposent 19
2. Droit de veto ou pas ? 29
3. Un Conseil de sécurité économique ? 47
4. L'Assemblée générale des Nations unies 57
5. L'ONUE 73
6. Droits de l'homme 81
7. Le « président du monde » 93
8. Politique fiction 105
9. Paix et guerre 115
10. Le SAMU du monde ? 137
11. La réforme vue de Washington 149
12. Paris-New York 161
13. La réforme vue du Sud 169

Conclusion 179

*Ce volume a été composé
par I.G.S.- C.P. à l'Isle-d'Espagnac (Charente)
Achevé d'imprimer en août 2005
par* **Bussière**
*à Saint-Amand-Montrond (Cher)
pour le compte des Éditions Lattès*

N° d'édition : 68722/01. — N° d'impression : 052952/4.
Dépôt légal : septembre 2005.
Imprimé en France